Orbis

HARUYO KATAOKA | FRIEDERUN KÖHNEN

DAS GROSSE JAPAN KOCHBUCH

ZEN FÜR DEN GAUMEN

Orbis Verlag

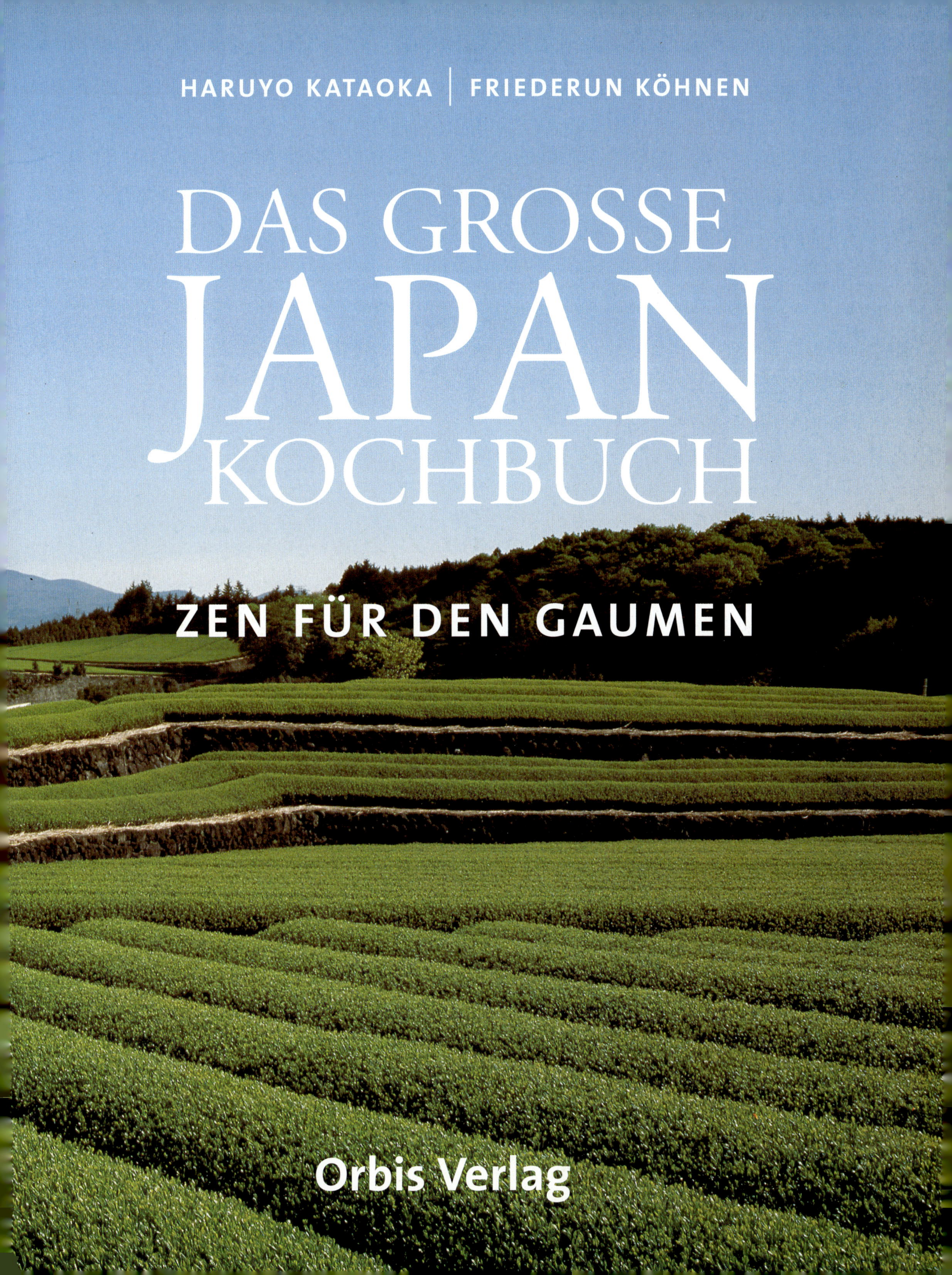

Unser besonderer Dank gilt:
Dem Geschäft *Kyoto,* Immermannstraße in Düsseldorf mit seinen hilfreichen Mitarbeitern für die freundliche Leihgabe der original japanischen Requisite, die wunderschöne Geschirre ebenso beinhaltete, wie ganz alltägliche Küchengeräte.
Gerhard Bönig für die Anfertigung der Untergründe.
Und der Bildagentur Mauritius für das Fujiama-Foto auf Seite 2/3.

The Food Professionals/Köhnen
Idee und Beratung: Haruyo Kataoka
Redaktion und Texte: Jutta A. Jacobs
Übersetzung der Rezepte: Kazuko Yamaguchi
Nachkochen der Rezepte: The Food Professionals/Versuchsküche
Fotos: Ulrike Breu
Foodstyling: Christa Schraa
Layout: Ina Hochbach

Genehmigte Sonderausgabe 2000
Orbis Verlag für Publizistik, München
in der Verlagsgruppe Bertelsmann GmbH

Satz: Filmsatz Schröter GmbH, München
Reproduktionen: Arti Litho, Trento
Druck: Mohndruck Graphische Betriebe GmbH, Gütersloh
Printed in Germany
ISBN 3-572-01123-X

INHALT

JAPANISCH KOCHEN – EINE WOHLTAT FÜR AUGEN UND GAUMEN

Vom japanischen Essen nehmen die meisten Menschen bei uns auch heute noch an, daß es vor allem hübsch garniert ist, aus kleinen Häppchen und hauptsächlich rohem Fisch besteht.
Im Grunde ist alles durchaus zutreffend. Ein japanisches Essen besteht aus mehreren kleinen, sorgfältig zubereiteten Portionen, die im Laufe einer Mahlzeit serviert werden. Dabei kann es sich selbstverständlich auch um rohen Fisch handeln, doch er ist bei weitem nicht der einzige Genuß, der in Japan auf den Tisch kommt.
Die Auswahl und Kombination einzelner Zutaten, das Anrichten und die Dekoration der Gerichte sind immer harmonisch auf die jeweilige Jahreszeit abgestimmt. Ein japanisches Menü symbolisiert den Geist von Frühling, Sommer, Herbst oder Winter.

Zum Einstieg in die japanische Küche erzählen wir Ihnen eine Geschichte:
Es ist Frühjahr, die Zeit der Kirschblüte, bald wird das Kirschblütenfest gefeiert. Aber noch ist es nicht soweit. Dennoch hat Frau Fumi Morimoto drei liebe Freunde zu einem Essen eingeladen.
Die Tage sind mild, ein sanftes Licht liegt über dem Land und auch im eigenen Garten blühen die Kirschblüten. Den kleinen Baum hat ihr Mann vor ein paar Jahren selbst gepflanzt.
Doch es ist früher Morgen, die Sonne ist gerade aufgegangen und Fumi will sich noch nicht um den Garten kümmern, dazu bleibt ihr später genügend Zeit.
Sie kleidet sich an und geht in die Stadt zum Markt. Es ist eine kleine Stadt in der Fumi lebt, doch das Angebot an ausgezeichneter, frischer Ware ist Dank der Nähe zum Meer recht groß.
Zweimal wandert sie langsam um die Stände, dann hat Fumi sich entschieden. Sie wird frischen Fisch kaufen, zartes, junges Gemüse, sorgfältig verpackte, frische Shiitakepilze, junge Bambussprossen und ein paar fertige *mochi*-Süßigkeiten. Dazu ein kleines Bündel junger, wunderschöner, zartgrüner Blätter, ein Zweiglein mit Blütenknospen und *sake*.
Nach ihrem Gang durch die Stadt geht Fumi in ihre kleine Küche und bereitet einen Salat aus Bambussprossen vor, der typisch für den Frühling ist.
Alle anderen Handgriffe wird sie so rechtzeitig erledigen, daß ihre Gäste in Ruhe und Muße speisen können.
Inzwischen ist es Nachmittag, die Sonne neigt sich langsam dem Firmament entgegen und es wird Zeit, daß Fumi weitere Vorbereitungen trifft. Als erstes fegt sie den Garten mit einem Reisigbesen, entfernt dabei jedes nicht an seinen Platz gehörende Blättchen und jedes zufällig hereingewehte Papier. Der kleine Kirschbaum strahlt auch nicht in völliger Harmonie, so muß Fumi einen kleinen Ast ein wenig beschneiden.
Nun ist alles zu ihrer Zufriedenheit. Der Kies strahlt makellos, der Baum wiegt sich leise im aufkommenden Wind und der sorgfältig, künstlich durch den kleinen Garten gelegte Bach plätschert so zufrieden, wie Fumi sich fühlt.
Im Haus ist auch noch etwas zu tun, Fumi dekoriert den Tisch liebevoll mit den gekauften Blättern und mit den Blütenknospenzweigen. Sieht ihr Arrangement nicht aus, wie ein winziges Abbild ihres kleinen Kirschbaums, draußen im Garten? Drei weiße Kiesel dazu und eine längliche Schale mit klarem Wasser geben ihrem kleinen Garten Einzug ins Zimmer.

Jetzt schaut Fumi noch einmal ihre Geschirre durch und prüft, ob sie mit dem geplanten Frühlingsmenü harmonieren.
Für jeden Gang werden Geschirre aus unterschiedlichen Materialien, feiner Keramik, Porzellan oder Bambuskorb, gewählt.
Bei Fumis Abendessen soll der blühende Kirschbaum im Garten der Mittelpunkt sein – also werden die Geschirre passend zu diesem Thema gewählt: Porzellanteller mit zartem Kirschblütenmuster für den Bambus-Sprossensalat, eine rot lackierte Platte für den Fisch und kleine Kirschblütenknospen als Ruhebank für die Eßstäbchen.
Bald treffen die Gäste ein, Zeit für Fumi, die Suppe vorzubereiten. Eine einfache, aber dennoch raffinierte Fischbrühe mit zwei, drei Sternchen aus ausgestochenem, frischem Gemüse. Auch der Fisch braucht noch ein wenig Vorbereitung. Er hat bisher in Eis geruht, ohne zu gefrieren. Jetzt wäscht Fumi ihn vorsichtig, aber sorgfältig und entfernt seine Innereien. Dann wird er filetiert, in dünne Scheiben geschnitten und auf einer Platte hübsch angerichtet. Vielleicht legt sie ein kleines, geschnittenes Blatt dazu, das einen Vogel andeutet, der heute nachmittag durch ihren Garten flog. Aus den Shiitakepilzen bereitet Fumi eine kleine Köstlichkeit, die Auge und Gaumen erfreut und die fertig gekauften Süßigkeiten wickelt sie sorgfältig in Kirschblätter, die sie vorher kurz blanchiert hat.
Da kommen die Gäste. Fumis Mann hat sie auf dem Weg von der Arbeit abgeholt. Er ist ein paar Minuten vor ihnen ins Haus gehuscht und begrüßt die Gäste nun noch einmal als Hausherr. Jedem Gast wird ein in heißes Wasser getauchtes und ausgewrungenes kleines Tuch zum Reinigen der Hände gereicht, was erfrischend und entspannend wirkt.
Fumi bittet zu Tisch. Sie bringt warmen *Sake* herein und gießt ihn für jeden Gast in eine kleine Schale. Auch für sich und ihren Mann. Die Gäste erfreuen sich an Fumis Arrangement und erkennen sofort ihren kleinen Garten wieder, das macht Fumi natürlich besonders glücklich.
Die Mahlzeit verläuft ruhig, alle loben die Güte der Speisen und die Frische der Zutaten.
Als die Gäste gehen, ist die Sonne längst untergegangen und Fumis kleiner Garten liegt im milden Licht einer einzelnen Laterne.
Eine kleine Geschichte über ein japanisches Abendmenü. Lassen Sie sich davon inspirieren. Sie werden jetzt auch erkennen, warum es nicht so wichtig ist, daß jedes in diesem Buch genannte Rezept für vier Personen völlig ausreicht.

Wenn Sie die Einleitung zu jedem Kapitel lesen und das ganze Buch einmal durchblättern, werden Sie sehen, daß wir auch an das Buch den japanischen Anspruch von Harmonie gestellt haben. Sie werden deshalb eventuell einmal ein wenig blättern müssen, um im Kapitel Fleisch den Sesamsamen richtig zu verarbeiten. Warum? – Weil die Verarbeitung nur im Kapitel Gewürze steht. Zu umständlich? Wir meinen nicht, da das Buch insgesamt sehr übersichtlich gestaltet wurde. Und ist es nicht auch ein besonderes Vergnügen sich in ein Buch hineinzuarbeiten?!

木曽桧
シンプル - 愛用
いいもの いいだけ
SONAN

GERÄTSCHAFTEN

Gerätschaften

Bänkchen gehören untrennbar zu den Stäbchen. Als Form und Material ist fast alles denkbar. Ein kleines Stück Kirschblütenzweig ebenso, wie ein kleines, rohes Stück Bambus, gefaltetes Papier ebenso, wie ein kleines, kunstvoll aus Porzellan geformtes Blatt.

Bambusmatte: Zum Rollen von Sushis. Sie ist cirka 20 Zentimeter breit und 30 Zentimeter lang.

Bambusspießchen: Kleine Spießchen aus Bambus, mal naturfarben, mal grün. Sie werden zum Zusammenhalten und Aufspießen verwendet.

Blätter werden zum Servieren oder Dekorieren sehr geschätzt. Vor allem große Blätter wie zum Beispiel Lotus ersetzen oftmals einen Teller oder ein Tablett.

Dampftopf: Ein spezieller Topf aus Gußeisen. In ihm werden Gerichte schonend über Dampf gegart. Ein japanischer Dampftopf besteht aus zwei aufeinander gestellten Töpfen. Der obere Topf hat als Boden einen Siebeinsatz und paßt exakt auf den unteren Topf. Im unteren wird Wasser gekocht, im oberen werden die Zutaten gegart. Eine andere Version des Dampfkochens ist die mit einem großen, flachen Holztrog, der unten ebenfalls einen Siebeinsatz hat. Allerdings aus Bambusstäben, die miteinander verknüpft sind. Man stellt ihn auf einen kleinen Topf mit kochendem Wasser und gart die Zutaten ebenfalls schonend im oberen Topf.

Formenausstecher für Gemüse, Obst und Süßigkeiten. Japaner lieben die Naturabbildungen, also stechen sie aus Obst, Gemüse und Süßigkeiten prächtige Blüten und Blätter aus.

Gewürzreibe: Eine kleine Metallreibe zum Reiben von Rettich, Ingwer und anderen Wurzeln. Auf ihr wird auch Momijioroshi gerieben.

Grill: Wenn von einem Grill die Rede ist, meinen die Japaner meistens einen Holzkohlegrill. Es kann aber auch ein Elektrogrill verwendet werden.

Heißer Stein: Japaner verwenden als heiße Steine einfach irgendwelche schönen, glatten Steine, die sie irgendwo gefunden haben, dem Beispiel sollten Sie unbesorgt folgen. Mögen Sie jedoch keine »Findlinge« schleppen, so kaufen Sie sich einen heißen Stein mit Rechaud und Griff.

Holztrog: Ein großes Gefäß aus unlakkiertem und unbehandeltem Holz, das speziell zur Zubereitung von Sushireis entwickelt wurde. Auf japanisch heißt es »Hangiri«. Man muß sich nicht unbedingt ein »Hangiri« beschaffen, eine kleine Holzkiste oder ein Holztablett erfüllt den gleichen Zweck. Der Reis gelingt in diesem Gefäß besonders gut, da das Holz die überschüssige Feuchtigkeit aus dem Reis zieht. Der Reis erhält einen schönen Glanz, wenn er ständig befächert wird.

Lackware verdient besondere Aufmerksamkeit. Ob es ein kleines, schwarzes Lacktablett ist, oder eine rote Lackschale mit Deckel für Suppe – Lackware ist empfindlich. In trockenen Gegenden kann die Lackschicht leicht zerspringen, deshalb empfiehlt es sich, in den Schrank mit der Lackware immer ein Glas mit Wasser zu stellen. Lackgeschirr gehört nicht in die Spülmaschine. Nach dem Gebrauch in warmem Wasser mit wenig Spülmittel tauchen und mit einem weichen Tuch trocknen.

Messer

In der japanischen Küche haben alle Messer extrem scharfe Klingen, die ständig nachgeschliffen werden. Manchmal sind die Messerscheiden auch kunstvoll mit Schriftzeichen verziert.

Fischmesser sind groß und spitz. Sie dienen vor allem zur Zubereitung von *Sashimi* und zum Filetieren von Fisch.

Sushimesser sind lang, schmal und unten gerade. Sie schneiden wunderbar alle Zutaten, besonders aber exakte Stücke aus gerollten Sushi.

Gemüsemesser sind breit, groß und unten gerade. Sie schneiden Gemüse sauber ohne es zu zerdrücken.

Mörser: Es gibt einen besonderen Mörser, um Sesam zu zerstoßen. Eine breite, offene Schale, deren Innenseite stark gerillt ist mit einem Holzstößel.

Pfannen: Es gibt quadratische oder rechteckige, etwas höhere Pfannen für dickere Omeletts. Flache, runde oder länglich-eckige Pfannen für hauchdünne Omeletts. Gußeiserne Pfannen zum Anbraten von Fleisch und Gemüse.

Platten: Auf ihnen wird angerichtet und serviert. Es gibt sie ebenso wie Tabletts und Schalen in vielen verschiedenen Arten und Größen.

Rechaud: Ein wichtiges Utensil in der japanischen Küche, schließlich wird so manches bei Tisch gekocht, oder zumindest warmgehalten.

Reislöffel: Ein etwa handtellergroßer, aus Holz geschnitzter Löffel zum Servieren von Reis.

Sakeservice: Kleine Fläschchen mit dazugehörenden kleinen Schalen für den japanischen Reiswein. Der Sake wird in den Flaschen im Wasserbad erwärmt und dann aus den Schalen getrunken.

Schalen: Hier ist (fast) alles möglich. Große, kleine, edle, derbe Schalen, Schalen aus zartestem Porzellan, schönstem Lack und gröbster Keramik. Im Winter wird rustikale Keramik bevorzugt, im Sommer kühles Porzellan. Sake-Schalen sind in der Regel klein und stehen auf einem kleinen Fuß. Dann gibt es noch Gewürz-Schälchen, besondere Schalen für Soyasauce, größere Reis-Schalen, je nach Anlaß und Jahreszeit verschiedene Tee-Schalen, Schalen für Gebäck und Schalen für Süßigkeiten. Für Suppen werden meistens Lackschalen mit Deckel verwendet. Wieder andere Schalen sind ausschließlich für Fleischgerichte reserviert, einige nur für Fisch. Es ist an dieser Stelle nicht möglich, alle Schalen einzeln aufzuführen, so groß sind Art und Vielfalt.

Stäbchen gehören zum täglichen Gebrauch. Es gibt größere, runde Kochstäbchen, lange Stäbchen zum Rühren oder für *Shabushabu,* Eßstäbchen aus Naturholz mit Verzierungen und lackierte Eßstäbchen. Herrenstäbchen für die Männer sind länger als Damenstäbchen für zarte Frauenhände.

Tabletts gibt es in vielen Formen und Arten. Schwarze Lacktabletts, einfache Holztabletts, Tabletts aus Porzellan. Auf ihnen wird serviert, aber auch angerichtet.

Teller: Auch hier gilt das gleiche wie bei Tabletts und Platten: viele Formen, viele Größen.

FISCH

Fische und Meeresfrüchte

Täglich Fisch

Eine Küche ohne Fische und Meeresfrüchte ist für die Japaner nicht vorstellbar.
Fisch gibt es immer, zu jeder Jahreszeit, zu jeder Mahlzeit, und er wird in den vielfältigsten Formen verspeist: roh, gedünstet, gebraten, in Sauce oder im Eintopf.
Shrimps werden ab und zu mit Schale gegessen und aus Seeigelrogen wird eine Sauce für Tintenfische hergestellt.
Das wichtigste für Japaner ist die Frische und Güte der Fische und Meerestiere. Eine tiefgefrorene Scholle aus der Fertigpackung ist ihnen mindestens so ein Greuel, wie eingelegte Muscheln aus dem Glas.
Zu dem besonderen Qualitätsanspruch kommt noch die besondere Zubereitung. Ein Beispiel dafür ist die von Sashimi. Diese scheinbar einfache Zubereitung ist in Japan dem »Itamae«, »dem Mann vor dem Schneidbrett« (wörtliche Übersetzung) vorbehalten.
Der Koch, der Sashimi zubereiten darf, genießt das höchste Ansehen unter den Köchen, denn ein stumpfes Messer oder ein falscher Handgriff kann dieses empfindliche Fischgericht verderben.

Wichtig beim Einkauf

Sobald ein Fisch getötet wurde, umweht ihn der Wind des Todes. Wirkliche Frische gibt es nur im Leben. Das bedeutet für Japaner immer, daß Fisch so schnell wie möglich verarbeitet werden muß. Diese Regel sollte Grundlage jeder Fischküche sein, denn nur wirklich frischer Fisch ist von ausgezeichneter Qualität. Ein Fisch, der deutlich riecht, ist schon längst nicht mehr frisch.
Als Merkmale für Frische gelten:
– Runde Augen, die leicht hervorstehen und glänzen. Je stumpfer und eingesunkener die Augen sind, desto älter ist der Fisch.
– Feuchte Kiemen, von intensiver roter Farbe.
– Ein glänzendes, silbriges und feuchtes Schuppenkleid.
– Frischer Fisch duftet leicht und frisch nach Meer.
Fische sind besser haltbar, wenn sie direkt nach dem Fang ausgenommen und in Eis verpackt werden. Drückt man das Fleisch mit dem Finger ein, so muß es elastisch sein. Bleiben Dellen im Fischfleisch zurück, so ist der Fisch schon älter.
Auch Krustentiere müssen frisch sein. Bei uns kommen Shrimps, Langustinos und ihre Artgenossen meistens gekocht in den Handel. Meistens werden Krustentiere direkt nach dem Fang noch auf dem jeweiligen Fischkutter gekocht.
Typische Frischemerkmale von Krustentieren sind:
– Feste Schalen und Panzer
– Ein angenehmer Geruch. Ein starker, fischiger Geruch ist bei Krustentieren, ebenso wie bei Fischen ein untrügliches Zeichen dafür, daß die Ware nicht mehr frisch ist.
Bei Muscheln sind folgende Frischemerkmale zu beachten:
– Frische Muscheln sind lebend und die Schalen fest verschlossen. Muschelschalen, die bereits beim Kauf geöffnet sind, müssen vor der Weiterverarbeitung in der Küche unbedingt aussortiert werden. Leichtes Klopfen auf die Schale kann ein Schließen bewirken.
Bleibt eine Muschel nach dem Kochen geschlossen, so muß sie entfernt werden. Da die meisten Muscheln roh verzehrt werden können, ist auch bei Schalentieren immer auf unbedingte Frische zu achten.
Fisch in der japanischen Küche ist immer eine Wohltat und ein einmaliger Genuß. Überwiegend werden die folgenden Fischsorten und Meeresfrüchte verwendet.

Fische

Bonito: Ein kleiner, fettarmer Blaufisch aus der Familie der Thune. *Katsuobuschi* (Bonitoflocken), eine Grundzutat für Fischbrühen, wird aus diesem Fisch hergestellt.

Brassen oder *Doraden* schmecken sehr fein. Die *Goldbrasse* schmeckt hervorragend mariniert oder gegrillt.

Flunder und Heilbutt sind Plattfische mit besonders zartem Fleisch, das sich hervorragend zum Grillen eignet.

Lachs: Sein köstliches Fleisch eignet sich zum Marinieren ebenso wie zum Grillen. Beim Braten und Grillen ist Vorsicht geboten, das Fleisch trocknet leicht aus, braucht also eine feuchte Umgebung.

Makrelen und Stachelmakrelen sind im Frühjahr noch recht klein und schmecken dann, natürlich frisch, am besten. Dieser fettreiche Fisch verliert schnell seinen guten Geschmack.

Rotbarsch büßt paniert seinen typischen kräftigen Geschmack ein.

Sardinen: Kleine, fettreiche Fische, die mariniert und gegrillt besonders gut schmecken.

Seeaal: Ein Aal mit pikantem, aber kräftigem Geschmack. Das fette, feste Fleisch schmeckt besonders gut in Ragouts.

Scholle ebenfalls ein Plattfisch, wenig größer als die *Flunder,* schmeckt gegrillt oder gebraten am besten.

Thunfisch: Es gibt rote und weiße Arten. Die roten werden bis zu drei Meter lang, die weißen nur bis zu einem Meter. Wird bevorzugt als Sashimi roh gegessen. Der fettige Bauchlappen (Toro) ist als Sushi-Zutat geschätzt.

Krustentiere

Shrimps auch *Garnelen, Hummerkrabben.* Die kleineren, im Geschmack feineren, sind etwa 5 bis 15 cm lang. Das Fleisch ist fest und nussig.

Langustinen auch *Kaisergranat, Tiefseehummer.* Im Aussehen wie ein kleiner Hummer, jedoch nur bis zu 26 cm groß. Das zarteste Fleisch steckt im Schwanz.

Taschenkrebse sind so groß, wie zwei aneinandergelegte Hände und besitzen herzhaftes Fleisch. In unserem Rezept sind sie durch ausgelöstes Krebsfleisch ersetzt.

Garnelen: Hier sind in der Regel *Tigergarnelen* gemeint. Die feinsten aller Garnelen sind *Shrimps.*

Schaltiere

Abalone, oder Ohrschnecke, gilt als Delikatesse und kann roh verzehrt werden.

Jakobsmuscheln gibt es in verschiedenen Arten. Zum Verzehr eignet sich das weiße Muschelfleisch ebenso wie der rötliche Rogen.

Herzmuscheln müssen vorsichtig ausgesucht werden, da sie auch nicht eßbare Schwestern haben.

Tokobushi: Eine japanische Muschelart, die den *Abalone* sehr ähnlich, aber wesentlich kleiner als diese ist. Tokobushi werden wie Abalone zubereitet.

Tintenfisch: Er hat kein Skelett und deshalb im Verhältnis zum Gewicht einen hohen Fleischanteil.

Seeigeleier sind der Rogen vom Seeigel. Sie schmecken pikant und eignen sich für *Sushi* oder eine Marinade. Seeigeleier müssen unbedingt frisch sein.

Dobinmushi

Eine spezielle Fischsuppe, deren Besonderheit die Zubereitung in irdenen Teekannen ist. In der Teekanne entfaltet sich das Aroma der Zutaten besonders gut.

Zutaten:
4 mittelgroße Shrimps
2 Okraschoten
50 g Austernpilze
1 Limone
800 ml Fischbrühe
Salz
1 TL Sojasauce
8 geschälte Gingko aus der Dose

Vorbereitung:
Die Shrimps vorsichtig aus der Schale lösen und dabei den schwarzen Darmfaden entfernen.
Die Shrimps in kochendes Wasser legen und darin zwei Minuten garen und dann abtropfen lassen.
Die gewaschenen Okraschoten in etwa fünf Millimeter dicke Scheiben schneiden. Die Austernpilze in nicht zu kleine Stücke teilen.
Die Limone vierteln.
Untersetzer für die irdenen Kannen und Reisweinschalen auf dem Tisch anrichten.

Zubereitung:
Die Fischbrühe in einem Topf mit wenig Salz zum Kochen bringen. Mit Sojasauce abschmecken und auf dem Herd weiterkochen.
Die Okraschoten, die Austernpilze und Gingko in die irdenen Kannen geben, dann die Suppe vom Herd nehmen, dazugießen und noch einige Minuten ziehen lassen.
Zum Schluß die Shrimps dazugeben und alles in den Kannen servieren.

Servieren:
Die Suppe nach und nach aus den Kannen in die Reisweinschalen gießen und jeweils mit ein wenig Limonensaft beträufeln.
Die Shrimps, Austernpilze, Gingko und die Okraschoten werden direkt aus den Kannen gegessen. Die festen Zutaten werden abwechselnd mit der Suppe gegessen bzw. geschlürft.
Zwischendurch immer wieder Suppe in die Reisweinschalen nachfüllen.

Fritierte Shrimps in Sojasauce

Zutaten:
300 g Shrimps
8 EL Sake
Öl zum Fritieren
6 EL Fischbrühe
2 EL Zucker
4 EL Sojasauce

Vorbereitung:
Die Shrimps waschen, dabei die Schale eventuell leicht abbürsten und mit Hilfe eines Zahnstochers vorsichtig die schwarzen Darmfäden entfernen. Dann die Shrimps mit zwei Eßlöffeln Sake beträufelt zehn Minuten ziehen lassen.
Danach vorsichtig mit einem Tuch trockentupfen und in 170 Grad heißem Öl fritieren.

Zubereitung:
Die Frischbrühe mit sechs Eßlöffeln Sake, Zucker und Sojasauce in einen Topf geben und zum Kochen bringen.
Die Shrimps hinzufügen und so lange kochen, bis die Sauce karamelisiert.

Servieren:
Die Shrimps in einer Schüssel anrichten.

Abalone mit grünem Spargel

Zutaten:
8 Abalone
8 Stangen grüner Spargel
3/8 l Fischbrühe
1 EL Sojasauce
2 TL Zucker
eine Handvoll Sanshoblätter

Vorbereitung:
Die Abalone aus der Schale nehmen, sorgfältig putzen und die Oberfläche der Abalone rautenförmig einschneiden.
Den Spargel in Salzwasser blanchieren und nicht zu weich garen. Dann mit kaltem Wasser abschrecken, damit er seine frische grüne Farbe behält.
Aus der Fischbrühe, der Sojasauce und dem Zucker eine Suppe herstellen.

Zubereitung:
Die Abalone in siedendes Wasser tauchen und danach in kaltem Wasser leicht spülen. Dadurch wird der Fettfilm entfernt.
Anschließend die Abalone in der Suppe auf kleiner Flamme langsam weich kochen. Danach aus der Suppe nehmen und in einen halben Zentimeter dicke Scheiben schneiden.

Servieren:
Abalone und Spargel vermischen und in einer Schüssel als kleinen Hügel anrichten. Die Sanshoblätter auf eine Hand geben und mit der anderen darauf klopfen. Dabei werden die Blätter zerdrückt und das Aroma entfaltet sich. Anschließend auf die Abalone streuen.

Sashimi aus Heilbutt

Für dieses Gericht benötigen Sie Momijioroshi, eine japnische Würze aus grünem Meerrettich und roter Paprikaschote. Momijioroshi heißt auf deutsch »Ahorn« – er ist im Sommer grün und im Herbst rot. Sashimi zuzubereiten ist eine hohe Kunst, die nur wenige japanische Hausfrauen beherrschen. Dennoch sollten Sie es einmal ausprobieren!

Zutaten:
1 kg Heilbutt
2 Bund Schnittlauch
10 Umeboshi
200 g Fischleber (am Vortag beim Händler bestellen)
Salz
je 100 ml Sojasauce, Zitronensaft und Fischbrühe
1 Shisoblatt
Momijioroshi

Vorbereitung:
Den Heilbutt waschen, entgräten und in etwa acht Zentimeter lange und fünf Zentimeter breite Streifen schneiden.
Den Schnittlauch waschen und in fingerlange Stücke schneiden.
Umeboshi entkernen und das Umeboshifleisch mit einer Gabel zerdrükken.
Die Fischleber in heißem Salzwasser kurz pochieren.
Auf die Fischstreifen jeweils fünf bis sechs Schnittlauch-Stücke und etwas Umeboshi legen und zusammen einrollen.
Die Sojasauce mit Zitronensaft und Fischbrühe verrühren und auf vier Schälchen verteilen.

Zubereitung:
Die Fischröllchen auf eine Platte setzen und in der Mitte mit dem Shisoblatt anrichten.
Die gekochte Fischleber dekorativ dazulegen.
Mit Momijioroshi (Seite 155) bestreuen.

Servieren:
Jeder bedient sich von der Platte und tunkt dabei sein Fischröllchen in die Sauce.
Je nach Wunsch wird die Sauce noch einmal zusätzlich mit Momijioroshi nachgewürzt.

Sashimi aus Heilbutt

Fischbällchen in Gemüsebrühe

Zutaten:
200 g Rotbarschfilet
200 g Scampi ohne Schale
200 g Jacobsmuscheln (aus der Dose/nur das Muschelfleisch)
2 EL Speisestärke
3 EL Sake
½ EL Sesamöl
Salz
12 Blätter Eisbergsalat
200 g Broccoli
200 g Blumenkohl
8 frische Shiitakepilze
8 Radieschen
1 Bund Schnittlauch
1 Zitrone
2½ l Fischbrühe
6 EL Sake
6 EL Sojasauce

Vorbereitung:
Den Rotbarsch, die Scampi und die Jacobsmuscheln mit einem Messer fein hacken. Die Masse mit Stärke, Sake, Sesamöl und Salz vermischen und alles gut miteinander verkneten.
Den Eisbergsalat putzen, waschen und im Salzwasser kurz blanchieren. Aus der Fischmasse zwölf Klößchen formen und jeweils ein Klößchen in ein Salatblatt wickeln.
Broccoli und Blumenkohl in Röschen teilen.
Die Shiitakepilze und die Radieschen putzen und waschen. Bei den Pilzen die Stiele herausdrehen.
Den Schnittlauch mit einer Schere in feine Ringe schneiden und die Zitrone achteln. Beides separat in Schälchen anrichten.

Zubereitung:
Die Fischbrühe mit Sake, Salz und Sojasauce vermischen und in einen genügend großen Topf aus Steingut füllen.
Der Topf sollte bis zu zwei Dritteln mit Brühe gefüllt sein. Dann die Brühe zum Kochen bringen und anschließend auf ein Rechaud stellen.
Die Gemüse in der, ihren Garzeiten entsprechenden Reihenfolge nach und nach während des Essens in die kochende Brühe geben. Die Fischbällchen ebenfalls nach und nach hinzugeben. Sie sollen nur kurz in der Brühe ziehen.

Servieren:
Die gegarten Zutaten werden mit der Brühe von den am Essen beteiligten Personen mit Serviergabeln und -löffeln in beliebigen Portionen aus dem Topf genommen und nach Wunsch und Geschmack mit Schnittlauch und Zitrone gewürzt.
Wenn die Brühe zu stark einkocht, kann mit ein wenig Brühe aufgefüllt werden.
Sind alle Gemüse und auch die Fischbällchen gegessen, kann die Brühe mit gekochtem Reis oder vorgekochten Nudeln zu einer schmackhaften Suppe verlängert werden. Diese sollten Sie dann noch mit etwas Sojasauce würzen.

ABALONE MIT DICKEN BOHNEN

In Japan werden Abalone oft nur in heißem Wasser blanchiert und roh, oder zumindest halbroh gegessen. Wir haben in diesem Rezept die Garzeit etwas erhöht.

Vorbereitung und Zubereitung:
Die Abalone mit einem halben Teelöffel Salz bestreuen und mit einem Tuch abreiben und anschließend gründlich waschen. Die Abalone nochmals salzen, mit Sake begießen und in einem flachen Topf 15 Minuten bei schwacher Hitze ziehen lassen. Dann die Schalen entfernen und das Fleisch abtropfen lassen. Die Abalone in kleinfingerdicke Stücke schneiden.
Die dicken Bohnen in heißem Salzwasser kurz blanchieren, dann vorsichtig die Haut abziehen und die Bohnen vierteln.
Wasabi mit anderthalb Teelöffeln Wasser gründlich vermischen.

Zutaten:
6 Abalone
Salz
2 EL Sake
4 extra große, frische dicke Bohnen
1 TL pulverisierter Wasabi
2 TL Sojasauce

Servieren:
Abalone und Bohnen auf vier Schälchen verteilen.
Die Sojasauce ebenfalls in vier Schälchen gießen und etwas Wasabi auf den Tellerrand geben. Zum Essen Wasabi auf die Abalonescheiben streichen und in die Sojasauce tunken.

WEISSE KAMELIE

Vorbereitung:
Den Seeaal der Länge nach halbieren. Die Seeaalhälften in 5 mm Abstand bis auf die Haut quer einschneiden und in vier Stücke teilen.
Wasser und Kombu in einen Topf geben und erhitzen. Kurz bevor das Wasser kocht, den Kombu entfernen und den Seeaal mit etwas Salz hinzufügen.
Sobald der Aal gar ist und das eingeschnittene Fleisch wie eine Blume aufgeht, den Fisch herausnehmen und abtropfen lassen.
Den Spinat verlesen, waschen und in Salzwasser blanchieren.
Anschließend abtropfen lassen und danach in fingerlange Stücke schneiden.

Zutaten:
350 g Seeaal
5 × 5 cm Kombu
100 g Spinat
600 ml Fischbrühe
1 TL Sojasauce
1 TL Umbeboshi
Dill

Zubereitung:
Die Fischbrühe mit etwas Salz und Sojasauce in einem Topf zum Kochen bringen.

Servieren:
Den Spinat und den Seeaal in vier Holzschalen wie Blätter und Blumen anrichten. Die Fischbrühe darübergießen und auf den Seeaal etwas Umeboshi geben, so daß er wie eine weiße Kamelie aussieht. Zum Schluß noch etwas gehackten Dill darüberstreuen.

Rotbarsch mit Spargel

Zutaten:
400 g Rotbarschfilet
12 Stangen Spargel
10 × 10 cm Kombu
30 g Katsuobushi
1 TL Salz
1 TL Sojasauce
2 EL Maismehl
6 Sanshoblätter

Vorbereitung:
Das Fischfilet blättrig zerteilen. Den Spargel vorsichtig vom Kopf her schälen und eventuell die unteren, holzigen Enden entfernen.
Den Kombu vorsichtig mit einem feuchten Tuch von eventuell vorhandenem Sand befreien. Dann den Seetang in einen halben Liter Wasser legen und darin kurz einweichen. Anschließend das Wasser zum Kochen bringen. Sobald es zu sieden beginnt, den Kombu entfernen.
Das Katsuobushi in den Sud geben, einmal aufkochen lassen und den Topf vom Herd nehmen. Die Brühe einige Minuten ziehen lassen. Durch ein Sieb seihen und mit Salz und Sojasauce abschmecken.

Zubereitung:
Wasser mit einem Schuß Essig zum Kochen bringen und den Spargel darin garziehen lassen. Die Fischfiletstücke salzen, kurz in Maismehl wenden und schnell in siedendes Salzwasser tauchen. Danach auf ein Sieb legen und abtropfen lassen. Anschließend werden die Fischstücke in einem Dämpfer vorsichtig gegart.
Den Spargel aus dem Essigwasser nehmen und in der vorher zubereiteten Brühe weichdünsten.
Die Sanshoblätter in eine Handfläche legen und kurz mit der anderen daraufschlagen. Dadurch wird das Gewebe zerstört und der feine Duft von Sansho kommt besonders zur Geltung.

Servieren:
Rotbarsch und Spargel werden in einer großen Schüssel angerichtet. Man gießt ein wenig Brühe darüber und dekoriert zum Schluß die Sanshoblätter darauf.

Marinierter Bonitofisch

Zutaten:
400 g Bonitofilets
½ Knoblauchzehe
40 ml Sojasauce
1 TL pulverisierter Wasabi
8 Blätter Shiso oder Minze

Vorbereitung:
Die Bonitofilets in anderthalb Zentimeter große Würfel und den Knoblauch in hauchdünne Scheiben schneiden. Zusammen etwa zehn Minuten in der Sojasauce marinieren.
Den Wasabi mit einem Teelöffel Wasser gründlich vermischen.

Servieren:
Die Bonitowürfel aus der Marinade nehmen und in die Shisoblätter wickeln. Die Wickel auf vier Schälchen verteilen und jeweils in die Mitte etwas Wasabi daraufgeben.

Eintopf mit Krebsen

Kanimiso ist eine aromatische, grau-grünliche Masse in den Ecken des Krebsschildes, die in Japan als Delikatesse gilt. Diesem Gericht gibt Kanimiso eine besondere Geschmacksnote.

Zutaten:
400 g ausgelöstes Krebsfleisch
1 weißer Rettich
250 g Spinat
2 Stangen Lauch
2 EL Öl
1 Packung Enokipilze
4 Krebsschilde
1 TL Sake
2 l Fischbrühe
2 gehäufte EL weißes Miso
1 gehäufter EL rotes Miso

Vorbereitung:
Das Krebsfleisch in mundgerechte Stücke teilen.
Den Rettich schälen, den Spinat und den Lauch putzen und waschen. Dann den Rettich und den Lauch in dünne Scheiben schneiden. Die Lauchstücke sollten etwa drei Zentimeter lang sein.
Den Lauch und den Rettich in heißem Öl kurz anbraten.
Die Wurzeln der Enokipilze entfernen und die Pilze vorsichtig auseinanderzupfen und ebenso vorsichtig waschen.

Zubereitung:
Kanimiso aus den Krebsschilden lösen und mit Sake verdünnen. Das Ganze kurz erhitzen, dann ein wenig in Brühe angerührtes weißes und rotes Miso zufügen und mit der Kanimiso/Shake-Mischung verrühren.
Anschließend die Sauce in einen Topf füllen und das restliche Miso hineingeben, mit der Fischbrühe auffüllen und kurz aufwallen lassen.
Miso-Aroma ist sehr empfindlich und geht durch Kochen schnell verloren. Deshalb dürfen die Zutaten dieser Suppe nur kurz darin garen.

Servieren:
Die Hälfte des Krebsfleisches und Gemüses in die Brühe geben und auf dem Herd zum Kochen bringen. Wenn das Gemüse knackig gegart ist, den Topf auf ein Rechaud stellen, die Zutaten mit Stäbchen aus der Brühe fischen und in Schälchen geben. Sobald die ersten Zutaten verbraucht sind, die zweite Hälfte auf die gleiche Weise wie die erste garen und auf Schälchen füllen.

GARNELEN-EINTOPF MIT JAKOBSMUSCHELN

Ingwer und Pfefferschoten geben diesem Meeresfrüchte-Eintopf eine pikante Note

Zutaten:
4 Garnelen
200 g Brunnenkresse
150 g Champignons
30 g frischen Ingwer
8 Jakobsmuscheln
1 Bund Schnittlauch
5 g getrocknete, rote Pfefferschote
Salz
2 l Hühnerbrühe
8 EL Sojasauce
2 EL Zitronensaft

Vorbereitung:
Die Garnelen aus der Schale lösen und das Fleisch in drei Zentimeter lange Stücke schneiden, dabei die schwarzen Darmfäden entfernen.
Die Brunnenkresse mehrmals gründlich unter fließend kaltem Wasser waschen, dann putzen und in kleinere Bündel zupfen. Die Champignons putzen, wenn nötig waschen, und halbieren. Den Ingwer schälen und in hauchdünne Scheiben schneiden. Die Jakobsmuscheln gründlich säubern.
Den Schnittlauch waschen und in kleine Röllchen schneiden. Die Pfefferschote in kleine Ringe schneiden.
Die Sojasauce mit dem Zitronensaft mischen und auf vier kleine Schälchen verteilen.

Zubereitung:
Die Hühnerbrühe mit dem Salz und Ingwer in eine feuerfeste Form füllen. Sobald die Brühe aufkocht, die vorbereiteten Zutaten hineingeben. Langsam garen und zum Schluß Schnittlauch und Pfefferschotenringe einstreuen.

Servieren:
Die Form auf ein Rechaud stellen und den Eintopf servieren. Nach und nach die Zutaten aus der Brühe fischen und in die Sojasauce-Zitronensaft-Mischung tunken. Es ist wichtig darauf zu achten, daß die Brühe nur ganz leicht köchelt, aber niemals stark kocht.

Garnelen-Eintopf mit Jakobsmuscheln

In Öl ausgebackene Makrele

Zutaten:
400 g Makrelenfilet
3¼ EL Sojasauce
1 EL Sake
1 getrocknete rote Pfefferschote
etwas Speisestärke
Öl zum Fritieren
1 Zitrone

Vorbereitung:
Die Makrelenfilets abspülen, trockentupfen und in zwei Zentimeter breite und drei Zentimeter lange Streifen schneiden.
Drei Eßlöffel Sojasauce mit dem Sake, der zerbröselten Pfefferschote und der Stärke verrühren und die Makrelenfilets 20 Minuten darin marinieren. Die Filets müssen währenddessen häufig gewendet werden.

Zubereitung:
Das Öl in einem Fritiertopf auf circa 160 Grad erhitzen, den Fisch darin goldbraun ausbacken und anschließend auf einer dicken Lage Haushaltspapier abtropfen lassen.

Servieren:
Den ausgebackenen Fisch auf vier Tellern servieren und mit Zitronenscheiben garnieren.

Gegrillter Thunfisch

Zutaten:
2 EL Sojasauce
1¼ EL Mirin
4 Thunfischsteaks à 100 g
100 ml Sake
2 EL Zucker
1 getrocknete rote Pfefferschote
8 Radieschen
Salz

Vorbereitung:
Den Backofen auf 180 Grad vorheizen.
Zwei Eßlöffel Sojasauce mit einem Eßlöffel Mirin in einer Schüssel verrühren und in der so entstandenen Sauce die Thunfischsteaks für 30 Minuten marinieren. Zwischendurch den Fisch mehrmals wenden.
In einem Topf Sake, einen viertel Eßlöffel Mirin, zwei Eßlöffel Zucker und die hauchdünn geschnittene Pfefferschote zum Kochen bringen. Wenn die Sauce einmal aufgewallt ist, den Sud vom Feuer nehmen und abkühlen lassen.
Die Radieschen putzen, waschen und in Zacken einschneiden. Dann die Radieschen salzen und fünf Minuten ziehen lassen, mit einem Küchenpapier trocknen und anschließend in der Sauce 15 Minuten marinieren.

Zubereitung:
Den marinierten Fisch etwas abtropfen lassen, in eine feuerfeste Form legen und unter dem Grill von jeder Seite sieben bis acht Minuten backen.

Servieren:
Die marinierten Radieschen etwas abtropfen lassen, dann auf vier Teller verteilen und zusammen mit dem Fisch servieren.

Lachs-Eintopf

Der feine Lachs mit so viel drum herum? Sie werden erleben, wie raffiniert die einzelnen Zutaten ausgesucht sind und welch köstlichen Eintopf ihre Kombination ergibt.

Zutaten:
500 g frischer Lachs
Salz
5 Chicoree
4 Stangen Lauch
100 g junge Möhren
250 g Rettich
200 g Tofu
1 Stück Konnyaku
1 Bund Stielmus
10 × 10 cm Kombu
150 g rotes Miso
1 EL Zucker
2½ EL Mirin
1 EL Sansho
1 EL Shichimi togarashi

Vorbereitung:
Den Lachs leicht salzen und in zwei Zentimeter große Würfel schneiden.
Chicoree waschen und quer halbieren.
Den Lauch schräg in fünf Zentimeter lange Stücke und die Möhren in fünf Millimeter, den Rettich in acht Millimeter dicke Scheiben schneiden.
Den Tofu in zweieinhalb Zentimeter große Würfel schneiden.
Konnyaku in kleine Stücke schneiden.
Die Wurzeln vom Stielmus entfernen, Stielmus waschen und die Blätter mit den Händen in kleine Stücke zupfen.
Den Kombu mit einem feuchten Tuch abtupfen, um eventuellen Sand zu entfernen, dann mit der Küchenschere in vier Streifen schneiden. Kombu mit Wasser in einem Topf bei mittlerer Hitze zum Kochen bringen. Kurz vor dem Aufkochen den Kombu entfernen. Rotes Miso mit wenig Brühe anrühren und mit Zucker und Mirin in die Brühe geben.

Zubereitung:
Nun alle Zutaten – bis auf den Stielmus – in die Brühe geben und nur so lange kochen, bis alles noch bißfest ist.
Kurz vor Schluß die Stielmusblätter einstreuen.

Servieren:
Den Eintopf nach und nach auf kleine Schälchen verteilen.
Nach Wunsch mit Sansho und Shichimi togarashi würzen.

Folgende Doppelseite:
Lachs-Eintopf

Gegrillter Tintenfisch mit Seeigelrogen

Zutaten:
250 g Tintenfisch, küchenfertig
Salz
1 EL Sake
2 EL Seeigelrogen aus dem Glas
1 Eigelb
4 Stengel Brunnenkresse
½ TL Mohnsamen

Vorbereitung:
Den Backofen auf 200 Grad vorheizen.
Den Tintenfisch halbieren und auf der Außenseite mehrmals einschneiden, mit einem viertel Teelöffel Salz bestreuen und mit Sake beträufeln.
Den Seeigelrogen mit dem Eigelb gut vermischen.
Den vorbereiteten Tintenfisch auf Spießchen stecken.
Die Brunnenkresse putzen, waschen und abtropfen lassen.

Zubereitung:
Auf einem Blech Alufolie auslegen und unter dem Grill erst die eingeschnittene Seite des Tintenfischs, dann die Rückseite leicht anbräunen.
Zwischendurch die Spieße im Fischfleisch drehen, so lassen sie sich später leichter herausziehen.
Die eingeschnittene Seite mit der Sauce aus Seeigelrogen einpinseln und grillen. Sobald die Sauce eingetrocknet ist, diesen Vorgang zwei- bis dreimal wiederholen. Dabei darauf achten, daß das Fleisch zwar gut bräunt, aber nicht anbrennt. Nun die Spieße herausziehen und den Tintenfisch in drei Zentimeter breite und fünf Zentimeter lange Stücke teilen.

Servieren:
Den Tintenfisch mit der Brunnenkresse auf vier Tellern anrichten. Die Tintenfischstücke mit Mohnsamen bestreuen.

Tintenfisch mit Kaviar

Ein Gericht, das durch die Beschränkung auf nur drei Zutaten besticht. Daher ist hier die Schnittechnik besonders wichtig.

Zutaten:
200 g frischer Tintenfisch, küchenfertig
Schale einer halben unbehandelten Zitrone
2 EL Kaviar
2 TL Sojasauce

Vorbereitung:
Den Tintenfisch senkrecht halbieren, die Hälften je nach Dicke halbieren oder dritteln. Die einzelnen Stücke sollten nicht dicker als vier Millimeter sein.
Danach den so geteilten Fisch in hauchdünne Streifen schneiden.
Die Zitronenschale in kleine Rechtecke von circa drei Millimeter Breite und sechs Millimeter Länge schneiden, diese dann in der Mitte einritzen und leicht auseinanderdrücken, so daß sie wie Kiefernnadeln aussehen.

Zubereitung und Servieren:
Tintenfisch, Kaviar und Zitrone vermischen und auf vier Schälchen verteilen.
Am Tisch eventuell mit Sojasauce nachwürzen.

FISCHTOPF MIT REISWEINBRÜHE

Doraden, auch Seebrassen genannt, gibt es in drei Arten. Für dieses Gericht sollte die Goldbrasse verwendet werden.
Sie zeichnet sich durch einen besonders feinen Geschmack aus.

Zutaten:
1 kleine Dorade (ca. 300 g)
Salz
1 Chinakohl
1 Bund Stielmus
1 weiße Rübe
200 g Tofu
8 frische Shiitakepilze
¾ l Sakebrühe (Sake und Wasser im Verhältnis 1:1)
5 × 5 cm Kombu
2 Frühlingszwiebeln
100 g Rettich
1 Limone
8 EL Sojasauce

Vorbereitung:
Die Dorade abschuppen und den Kopf abschneiden.
Vorsichtig die Gräten entfernen und beiseite legen.
Den Kopf und den Fisch in zwei Zentimeter breite Stücke schneiden und mit Salz bestreut 15 Minuten ziehen lassen. Anschließend in 85 Grad heißem Wasser kurz pochieren, dann abtropfen lassen.
Den Chinakohl vorsichtig teilen und die Blätter in fingerbreite Streifen schneiden.
Das Stielmus in kurze Stücke schneiden. Beides kurz in heißem Wasser blanchieren und abtropfen lassen. Die Chinakohlblätter einrollen.
Die weiße Rübe in hauchdünne Scheibchen schneiden. Die Shiitakepilze putzen, waschen und die Stiele herausdrehen. Den Tofu in kleine Würfel schneiden.
Die Frühlingszwiebeln in hauchdünne Ringe schneiden und kurz in kaltes Wasser legen. Den Rettich reiben.
Die Limone in dünne Scheiben schneiden.

Zubereitung:
Die Sakebrühe bis zu zwei Drittel Höhe in einen Topf füllen, salzen, Kombu und die Gräten zufügen. Kurz aufkochen lassen, den Kombu und die Gräten herausnehmen und die Brühe durchseihen.
Dann die Fischstücke, die gerollten Chinakohlblätter, das Stielmus, Rübenscheibchen, Tofuwürfel und Shiitakepilze zufügen.

Servieren:
Portionen aus dem Topf in kleine Schälchen geben und nach Wunsch mit Sojasauce, Frühlingszwiebeln, Rettich oder Zitronensaft würzen.

UNECHTE SEEIGEL

Zwar erfordert es viel Arbeit, die »Seeigel« herzustellen, aber das Resultat versöhnt. Schließlich sehen sie nicht nur gut aus, sie schmecken auch hervorragend.

Zutaten:
12 Maronen
1 EL Zucker
6 × 6 cm Kombu
30 g Mehl
700 g Shrimps
Salz
1 EL Mirin
1 Eiweiß
12 Radieschen
100 g Somen
Öl

Vorbereitung:
Die Maronen auf der Unterseite einmal tief einschneiden und in einem kleinen Topf mit Wasser (die Maronen müssen gerade bedeckt sein) zum Kochen bringen.
Nach drei Minuten die Maronen aus dem Wasser nehmen und die Schale entfernen.
Nun die geschälten Maronen nochmals in ausreichend Wasser 20 Minuten leicht kochen. Anschließend die Maronen mit zwei Eßlöffeln kaltem Wasser und einem Eßlöffel Zucker auf kleiner Flamme so lange köcheln lassen, bis sie weich sind.
Den Kombu 20 Minuten in etwa 80 ml Wasser einweichen und anschließend 10 Minuten aufkochen, danach mit dem Mehl in einem Mörser zu einer Paste verrühren und beiseite stellen.
Die Shrimps mit dem Passierstab oder im Mixer pürieren und anschließend das Salz, Mirin, das Eiweiß und vier Eßlöffel der Kombu-Paste untermischen. Leicht aufschlagen, bis eine sämige Masse entsteht.
Die Radieschen zu glatten Kugeln von etwa einem Zentimeter Durchmesser schneiden.
Aus der Shrimps-Mischung zwölf Bällchen formen und in deren Mitte jeweils eine Radieschenkugel setzen.
Die Somen ausbreiten und die Kugeln so lange darin wälzen, bis ein stacheliger Igel entsteht.

Zubereitung:
Öl in einer Friteuse auf 190 Grad erhitzen und die »Igel« darin zwei bis drei Minuten goldbraun backen. Herausnehmen und abtropfen lassen.

Servieren:
Die »Igel« am Rücken vorsichtig öffnen und die Radieschenkugeln entfernen, statt dessen jeweils eine Marone hineinsetzen.
Auf Zimmertemperatur abkühlen lassen und genießen.

Makrele in Misosauce

Zutaten:
400 g Makrelenfilet
Salz
15 g Ingwer
4 Stangen Frühlingszwiebeln
80 ml Sake
120 ml Fischbrühe
3 EL Zucker
1 EL Sojasauce
4 EL rotes Miso

Vorbereitung:
Die Makrelenfilets quer in drei Zentimeter lange Stücke teilen, dabei die Haut einschneiden.
Die Filetstücke leicht gesalzen zehn Minuten ziehen lassen, dann in ein Sieb legen und mit kochendem Wasser überbrühen.
Den Ingwer schälen und die Schale beiseite legen. Den Ingwer fein raspeln.
Die Frühlingszwiebeln putzen, waschen und in drei Zentimeter lange Stücke schneiden.

Zubereitung:
Sake in einem Topf zum Kochen bringen. Die Fischbrühe mit dem Zucker und der Sojasauce zugeben und alles nochmals aufkochen. Nun die Ingwerschale mit den Filetstücken – dabei muß die Haut der Makrele nach unten zeigen – in die Brühe legen.
Sobald die Brühe nochmals aufwallt, den Fisch mit Alufolie abdecken und bei mittlerer Hitze fünf Minuten weiterkochen, damit die Sauce gut in den Fisch einzieht.
Das Miso mit ein wenig Sauce verdünnen, zum Fisch geben und bei schwacher Hitze zwei bis drei Minuten kochen.
Zwischendurch den Topf schwenken, damit das Miso nicht anbrennt. Jetzt die Frühlingszwiebeln hinzufügen und die Brühe kurz aufkochen lassen.

Servieren:
Den Fisch aus der Brühe nehmen und auf vier Tellern anrichten. Die Sauce darüber geben, mit den Frühlingszwiebeln und dem geraspelten Ingwer servieren.

Schollentopf

Zutaten:
1 Scholle oder Flunder von 600 bis 800 g
100 g Löwenzahn
½ Bund Schnittlauch
350 ml Sojasauce
50 ml Zitronensaft
¾ l Kombu-Brühe
Momijioroshi

Vorbereitung:
Den Kopf des Fisches abtrennen und den Fisch vorsichtig entgräten. Anschließend die Haut entfernen und den Fisch in hauchdünne Streifen schneiden.
Den Löwenzahn verlesen, gründlich waschen und in fünf Zentimeter lange Stücke zupfen.
Den Schnittlauch ebenfalls waschen und in kleine Röllchen schneiden.
Die Sojasauce mit dem Zitronensaft zu Ponzusauce verrühren.

Zubereitung:
Die Kombu-Brühe in einem ausreichend großen, feuerfesten Gefäß zum Kochen bringen. Wenn die Brühe kocht, daß Gefäß auf ein Rechaud stellen und weiter köcheln lassen.
Den Fisch mit dem Löwenzahn auf einer Platte anrichten.

Servieren:
Die Ponzusauce, den Schnittlauch und das Momijioroshi (Seite 155) in separaten Schälchen zum Schollentopf servieren. Das Gemüse in die Brühe geben und erneut zum Kochen bringen. Dann die Fischstreifen ein bis zwei Sekunden mit Stäbchen in die Brühe tauchen. Die gegarten Zutaten durch die Sauce und die Gewürzmischung ziehen.

Stachelmakrele in Wasabisauce

Anstelle einer Stachelmakrele kann auf eine normale Makrele zurückgegriffen werden.

Zutaten:
250 g Stachelmakrele
½ Blatt Nori
½ Bund Schnittlauch
1 TL Wasabi (japanischer Meerrettich)
2 TL Sojasauce

Vorbereitung:
Die Stachelmakrele waschen und vorsichtig entgräten und darauf achten, daß auch wirklich alle Gräten entfernt werden. Das halbe Noriblatt kurz in einer schwach erhitzten Pfanne rösten und anschließend in einem Tuch grob zerkleinern.
Den Schnittlauch in hauchdünne Ringe schneiden.
Den Wasabi mit der Sojasauce verrühren.

Zubereitung:
Den Fisch auf den Grillrost legen und auf jeder Seite etwa drei Minuten grillen.
Die Makrele mit den Händen in nicht zu kleine Stücke teilen.

Servieren:
Den Fisch mit dem zerkleinerten Noriblatt vermischen und die Wasabisauce unterrühren.
Auf vier Schälchen verteilen und mit Schnittlauch bestreut servieren.

WÜRZSARDINEN

Nach diesem Rezept zubereitete Sardinen verdienen den Namen Würzsardinen zu Recht. Durch die Art der Zubereitung erhalten sie eine feine Würze und bleiben gleichzeitig saftig und zart. Je länger die Marinierzeit ist, desto intensiver tritt der feine Geschmack hervor.

Zutaten:
12 frische Sardinen
à etwa 40 g
50 g weißer Rettich
3 Umeboshi
3 g Katsuobushi
4 Shisoblätter
2 EL Öl
1½ EL Sesamkörner
1½ EL Sojasauce
1½ EL Sake
1 EL rotes Miso
1 EL Zucker
2 EL geraspelte Frühlingszwiebeln
gemahlener roter Pfeffer

Vorbereitung:
Den Backofen auf 170 Grad vorheizen.
Inzwischen die Köpfe und Gräten der Sardinen entfernen und die Fische sorgfältig ausnehmen und abspülen.
Den Rettich in einen Zentimeter breite und fünf Zentimeter lange Streifen schneiden.
Umeboshi, die eingelegten Pflaumen, entsteinen und fein hacken. Anschließend mit dem Rettich vermischen und die Mischung mit Katsuobushi bestreuen. Die Shisoblätter vorsichtig waschen und anschließend auf ein Küchenhandtuch zum Trocknen legen.
Einen Eßlöffel Öl in einer Pfanne erhitzen und die Sesamkörner darin leicht rösten, dann mit der Sojasauce, dem Sake, Miso und Zucker verrühren. Zum Schluß die Frühlingszwiebeln und den Pfeffer untermischen.

Zubereitung:
In dieser Sauce die Sardinen etwa 30 Minuten marinieren.
Die Alufolie leicht zerknautschen und mit dem restlichen Speiseöl bestreichen, damit die Haut der Sardinen nicht an der Folie haften bleibt.
Die Sardinen auf die Folie legen und jeweils mit etwas Sauce beträufeln.
Die Folie verschließen und die Sardinen etwa fünf Minuten im Backofen backen.

Servieren:
Die Sardinen aus der Alufolie nehmen. Jeweils drei Sardinen auf vier Tellern anrichten, die mit Umeboshi vermischten Rettichstreifen auf ein Shisoblatt geben und als Beilage servieren. Eventuell die Sardinen vor dem Verzehr nochmals in die Marinade tunken. Der Rettichsalat und die Marinade passen ebenfalls sehr gut zu Tintenfisch.

Herzmuscheln
mit Mangold

Bei allen Muschelgerichten ist bei der Auswahl der Muscheln darauf zu achten, daß sie geschlossen sind.

Zutaten:
500 g frische Herzmuscheln
40 ml Sake
2 Bund Mangold
250 ml Fleischbrühe
2 TL Zucker
½ EL Mirin
2 EL Sojasauce
Salz

Vorbereitung:
Die Herzmuscheln mindestens eine Stunde in Salzwasser legen, damit sie den Sand abstoßen. Danach die Muscheln unter fließendem Wasser abspülen.
Die Muscheln in einen Topf geben, mit einer viertel Tasse Sake begießen und zugedeckt bei starker Hitze dünsten, bis sich alle Schalen geöffnet haben. (Wie immer bei Muscheln: Die, die sich jetzt noch nicht geöffnet haben entfernen.)
Das Muschelfleisch herausnehmen und die Brühe durch ein mit einem Küchentuch ausgelegtes Sieb in eine Schüssel seihen.
Den Mangold waschen, kurz in heißem Salzwasser blanchieren, sofort danach in kaltem Wasser abschrecken und anschließend abtropfen lassen.
Die Mangoldblätter in fünf Zentimeter lange Stücke schneiden.

Zubereitung:
Die Fischbrühe mit einer halben Tasse Muschelbrühe in einen Topf geben, Zucker, Mirin, Sojasauce und Salz zufügen und alles einmal aufkochen lassen.
Dann den Mangold in der Brühe nochmals aufkochen lassen.
Zum Schluß die Muscheln im Sud kurz erhitzen.

Servieren:
Die Muscheln mit dem Sud und dem Mangold in vier Schälchen anrichten.

GEMÜSE

Gemüse gesund zubereiten

Frisches Gemüse ist ein wichtiger Bestandteil der gesunden Ernährung. Es liefert lebensnotwendige Vitamine, Mineralstoffe und Ballaststoffe in Verbindung mit wenig Kalorien. Frisch geerntetes Gemüse hat den höchsten Vitamin- und Mineralstoffgehalt. Je länger Gemüse, Luft, Licht und Wärme ausgesetzt ist, um so mehr verliert es an wertvollen Inhaltsstoffen. Aus diesem Grund sollte Gemüse immer so frisch wie möglich verarbeitet werden.

In der japanischen Küche wird Gemüse in allen Variationen verwendet. Häufig wird es roh, hauchdünn geschnitten und zu den schönsten Arrangements dekoriert, auf den Tisch gestellt. Ein aus Rettich geschnittener Kranich, fein ziseliert oder ein Blumenarrangement aus verschiedenen Gemüsen, schmücken japanische Tafeln.

Für das Garen von Gemüse wird meistens die schonenste Methode gewählt: das Garen über Dampf. Gemüse wird für diesen Zweck in ein mit Seetang ausgelegtes Bambuskörbchen gelegt, das in einen hohen Topf gehängt wird. Es können auch mehrere Körbchen übereinander hineingehängt werden. Verschlossen wird der Topf zuerst mit einem sauberen Geschirrtuch und dann mit dem Deckel. Das Gemüse wird knackig gegart und mit Sake oder Sojasauce zum Schluß gewürzt. Eine simple Alternative zum Dampftopf mit Siebeinsatz bietet folgende Konstruktion: eine Tasse mit der Öffnung nach unten in einen hohen Topf stellen, diesen 4 cm mit Wasser füllen, einen Teller auf die Tasse stellen und das Wasser zum Kochen bringen. Diese etwas wacklige Angelegenheit bietet sich vor allem für kleine Portionen an.

Gemüse wird durchaus auch gekocht, jedoch ohne jegliches Fett, sondern nur im Sud.

Als Tempura ist Gemüse ebenso beliebt: Zartes Gemüse wird durch einen Teig gezogen und dann in heißem Fett ausgebacken.

Egal, welche Zubereitungsmethode gewählt wird, die Japaner gehen mit Gemüse schonend in der Küche um. Kurze Garzeiten sind das Geheimnis des Erfolgs!

Eine ganz andere Methode als das Garen von Gemüse ist das Einlegen mit Salz und Gewürzen. Fein geschnittenes Gemüse wird mit Salz und Gewürzen bestreut und mit einem Gewicht über 24 Stunden beschwert. Zum Schluß wird die Flüssigkeit abgegossen und das Gemüse roh als zarte Beilage serviert.

Gemüse, Pilze und Nüsse

Auberginen oder Eierfrüchte sind in der Regel von dunkel-violett glänzender Farbe. Roh sind sie nicht genießbar. Werden sie gegrillt oder gebraten, so zerschneidet man sie und bestreut sie mit Salz, das die Bitterstoffe herauszieht. Japanische Auberginen sind nur etwa halb so dick wie die europäischen.

Bambussprossen: Es gibt über 200 verschiedene Bambusarten. Die Sprossen sind die jungen Schößlinge und werden im Frühling aus dem Boden gegraben. In Japan sind sie eine Frühlings-Spezialität, doch leider sind sie bei uns selten frisch zu bekommen. Meistens werden Bambussprossen nur in der Dose angeboten.

Brunnenkresse wächst in fließendem Wasser. Verwendung finden die fleischigen, runden Blätter. Ihr Geschmack ist scharf und rettichähnlich.

Chinakohl ist ein wichtiger Bestandteil von Fondue und Eintopf. Im Winter wird er in Japan als eingelegtes Gemüse gegessen.

Chrysanthemenblüten gehören zum japanischen Gemüse. Die Blütenblätter werden gezupft, kurz blanchiert und als Salat gegessen.

Dicke Bohnen sind eine frühsommerliche Spezialität mit kräftigem Geschmack. Sie werden weicher, wenn sie nacheinander in sprudelnd kochendes Wasser gegeben werden.

Edamame sind junge Sojabohnen, die grün geerntet werden. Sie werden in Salzwasser blanchiert und als Vorspeise serviert

Eisbergsalat ist auch in Japan als Salat beliebt. Er eignet sich dank seiner festen Struktur auch zum Dünsten.

Frühlingszwiebeln sind Staudenzwiebeln, von denen nicht nur der weiße, sondern auch der zart-grüne Teil verwendet wird. Sie werden in der japanischen Küche fein geschnitten als Gewürz verwendet.

Gurken sollten immer fest und von gleichmäßig grüner Farbe sein. Sie besitzen keinen starken Eigengeschmack und sind daher vielseitig einsetzbar.

Kabu ist japanischer Kohlrabi, der dem deutschen ähnelt. Gekocht schmeckt er mehlig. Meist wird er als eingelegtes Gemüse gegessen

Kartoffeln: Die Erdknollen sind vielseitig verwendbar und werden meistens in Sojasauce und Mirin gekocht.

Knoblauch wird roh und gegart verwendet. Er gibt vielen Gerichten erst das richtige Aroma. Den grünen Keim sollte man immer entfernen.

Kürbis gibt es in 800 verschiedenen Sorten. Die japanischen Sorten haben einen süßlichen, maronenartigen Geschmack.

Löwenzahn, ein wiederentdeckter Salat. Ist herb und bitter und erinnert ein wenig an Chicorée. Er verliert von seinen Bitterstoffen ein wenig, ohne an Geschmack einzubüßen, wenn er wie Spinat gedünstet wird.

Lotuswurzeln: Die Wurzeln der Wasserlilie lassen sich roh mariniert, gekocht, gedünstet oder fritiert verwenden. In dünne

Scheiben geschnitten, können die inneren Hohlräume mit anderen Zutaten gefüllt werden.

Maiskolben: *Mais* gehört wie der *Bambus* zu den Grassorten. Aus Mais werden viele Produkte gewonnen: Mehl, Öl, Stärke. Ganze Maiskolben werden gekocht, gegrillt oder gedünstet.

Mangold: Obwohl er mit der roten Bete verwandt ist, lassen sich seine Blätter wie Spinat verwenden. Er schmeckt würziger und kräftiger als dieser. Die Stiele und Rippen werden wie Schwarzwurzeln zubereitet.

Meerrettich: Europäischer Meerrettich besitzt dicke, lange Wurzeln. Außen ist er braungelb, innen weiß. Sehr scharfer, beizender Geruch und Geschmack. Meerrettich wird als Gewürz auch gerieben in Tuben oder Gläsern angeboten.

Möhren: Ein feines Wurzelgemüse, das sich roh zu Salaten ebenso gut verwenden läßt, wie gekocht als Gemüse. In der japanischen Küche sind Möhren wegen ihrer Farbe besonders beliebt. Sie werden oft zu verschiedenen Formen ausgestochen und für die Dekoration verwendet.

Okra sehen Peperoni ähnlich und sind etwa 4 bis 15 cm lang. Ihr Geschmack ist so einzuordnen: sie schmecken neutral, mild, leicht herb, ein wenig säuerlich-pikant und erinnern ein wenig an Bohnen oder Stachelbeeren.

Peperoni: Kleine, sehr scharfe Schoten. Schon geringe Mengen geben einem Gericht die nötige Schärfe. Beim Umgang ist Vorsicht empfohlen: Peperonisaft reizt die Schleimhäute stark!

Rettich: Große, innen weiße Wurzeln mit einem zartscharfen Geschmack. Werden roh und mariniert gegessen. In hauchdünne Streifen geschnittener Rettich, »Tsuma«, ist eine wichtige Beilage für Sashimi. Geriebener Rettich wird zum Würzen von Tempura verwendet.

Schnittlauch gehört zur Familie der Zwiebelgewächse. In Geschmack und Wirkung dem *Lauch* ähnlich.

Schwarzwurzeln werden oft als »Spargel des kleinen Mannes« verspottet. Schwarze Wurzeln mit einem weißen Innenteil, die geschält und gekocht einen zarten, doch intensiven, leicht nußigen Geschmack haben. Japanische Schwarzwurzeln sehen den europäischen zwar sehr ähnlich, besitzen aber einen anderen Geschmack: sie schmecken intensiver und würziger als diese.

Spargel ist eines der feinsten Gemüse überhaupt. Ob weiß, grün oder lila – guter Spargel muß fest sein und sich leicht brechen lassen. Geschält und ohne holzige Enden wird er gekocht. Grüner Spargel wird für japanische Gerichte bevorzugt.

Spinat: Frischer, junger Blattspinat ist ein edler Genuß und Bestandteil von Salaten, Fondues und Eintöpfen.

Stielmus: Eine Rübensorte, von der nur die Blätter in den Handel kommen. Stielmus wird in Japan entweder eingelegt oder kurz blanchiert als Salat gegessen.

Süßkartoffeln: Große Knollen mit einer rötlichen Schale. Können wie alle Kartoffeln mit oder ohne Schale, gekocht oder gebraten verwendet werden. Schmecken, wie der Name auch sagt, süßlich und lassen sich daher auch gut zu Süßspeisen verarbeiten.

Zenmai sind junge Triebe des Zenmai-Grases (Königsfarn), das an Flüssen und auf Wiesen wächst. Die Triebe werden gezupft und in der Hand geklopft, damit die Faser weich wird. Aufgrund seines herben Geschmacks ist Zenmai in Japan sehr beliebt. In Europa ist dieses Gras getrocknet erhältlich.

Zuckerschoten oder Zuckererbsen werden als einzige Erbsenart mit der Hülse gegessen. Frische, junge Schoten haben einen sehr feinen, zarten Geschmack.

Pilze

Champignons gibt es in verschiedenen Sorten. Angefangen bei den ganz kleinen, weißen, bis zu den großen, braunen. Dabei sind die großen, braunen Waldchampignons intensiver und aromatischer im Geschmack als die weißen Kulturchampignons.

Enokipilze: Sehr kleine Köpfe, die auf hohen Stielen – bis zu zehn Zentimetern – in Bündeln zusammen wachsen und ähnlich wie Champignons schmecken.

Matsatakepilze sind die edelsten Pilze in Japan und ähneln unseren Austernpilzen.

Shiitakepilze: Größere, ausgebreitete Hüte. In der Farbe von grau über braun bis rotbraun reichend. Die Pilze werden nicht gewaschen, sondern nur gründlich abgetupft, dabei die Stielenden entfernen. Immer erst nach dem Garen salzen und würzen. Shiitakepilze gewinnen im Gegensatz zu allen anderen Pilzen durch Trocknen noch an Geschmack.

Shimeji-Pilze: Kleine, champignonähnliche Pilze, die in Bündeln auf höheren Stielen zusammen stehen.

Nüsse

Erdnüsse: Frische Erdnüsse, in der Haut, jedoch ohne Schale können die Basis von leckeren Saucen sein.

Gingko-Nüsse: Leider sind sie nur sehr schwer frisch zu bekommen. Frisch sind sie von intensiv-grüner Farbe und bißfester, als die in Dosen erhältlichen Nüsse, die bereits gekocht sind. Sie sind dann gelblich und nicht mehr so intensiv im Geschmack.

Maronen, auch bekannt als Eßkastanien. Werden aus der Schale genommen und mit der Haut geröstet oder gekocht. Intensiver, aromatisch-nussiger Geschmack.

Gemüse-Miso-Suppe

Zutaten:
½ Bund Frühlingszwiebeln
1 Kartoffel
50 Kürbis
100 g rotes Miso
¾ l Fischbrühe

Vorbereitung:
Die Frühlingszwiebeln in hauchdünne Scheibchen schneiden. Die Kartoffel waschen, schälen und in fünf Millimeter breite, fünf Zentimeter lange Streifen schneiden. Dann in Wasser legen.
Das Kürbisfleisch waschen und in gleichgroße Streifen wie die Kartoffel schneiden.

Zubereitung:
Kürbis und Kartoffel in einen Topf mit der Fischbrühe geben. 20 Minuten köcheln lassen. Etwa acht Minuten vor Ende der Garzeit die Zwiebeln hinzufügen.
Das Miso mit etwas Brühe anrühren und zum Schluß in die Brühe geben. Die Brühe darf dann nicht mehr kochen.

Servieren:
In vier Holzschälchen servieren.

Gemüsesuppe

Zutaten:
150 g Schwarzwurzeln
1 TL Reisessig
100 g Kartoffeln
100 g langer weißer Rettich
50 g Möhren
1 Stange Lauch
250 g Tofu
4 frische Shiitakepilze
2 TL Öl
1½ l Fischbrühe
4 TL Sojasauce
Shichimitogarashi

Vorbereitung:
Die Schwarzwurzeln schälen und in zweieinhalb Zentimeter lange Stücke, dann in spitze Stifte schneiden. Damit die Schwarzwurzelstifte nicht verfärben, diese sofort in mit Essig vermischtes Wasser legen.
Die Kartoffeln, Rettich und Möhren schälen, längs vierteln und die Viertel in sehr dünne Scheiben schneiden.
Den Lauch putzen und dann schräg in dünne Scheiben schneiden. Den Tofu in zwei Zentimeter große Würfel teilen, auf ein Sieb legen und kräftig ausdrücken. Von den Shiitakepilzen die Stiele herausdrehen, die Pilze waschen und anschließend die Köpfe in feine Scheiben schneiden.

Zubereitung:
In einem Topf das Öl erhitzen und sobald es heiß ist, Schwarzwurzeln, Kartoffeln, Rettich und Möhren darin eine Minute anbraten.
Anschließend die Fischbrühe aufgießen und mit der Sojasauce würzen. Die Brühe etwa fünf Minuten kochen lassen. Dann den Tofu und die Pilze in die Brühe geben und alles nochmals zwei Minuten kochen. Dann die Suppe vom Herd nehmen und die Lauchringe hinzufügen.

Servieren:
Die heiße Suppe in Schalen füllen und mit Shichimitogarashi würzen.

Gemüse-Miso-Suppe

Eingelegtes Stielmus

Eine ungewöhnliche Art der Zubereitung mit einem schmackhaften Ergebnis.

Zutaten:
10 × 10 cm Kombu
2 EL Reisessig
400 g Stielmus
100 g junge Möhren
2 TL Salz

Vorbereitung:
Kombu mit einem feuchten Tuch abtupfen, um eventuellen Sand zu entfernen. Anschließend mit der Küchenschere in streichholzstarke Streifen teilen, mit Reisessig beträufeln und mindestens zwölf Stunden stehen lassen.
Das Stielmus gut waschen, putzen und in drei Zentimeter lange Stücke schneiden.
Die Möhren waschen und auch in streichholzstarke Stifte schneiden.

Zubereitung:
Stielmus, Möhren und Kombu in einen Topf geben, mit Salz bestreuen. Darauf ein Holzbrett legen, das einen etwas kleineren Durchmesser als der Topf hat, mit einem Gewicht (z. B. eine 1-kg-Dose) beschweren und nochmals mindestens zwölf Stunden ziehen lassen.

Servieren:
Die Zutaten aus dem Topf herausnehmen und in einer Schüssel servieren.

Lotuswurzeln mit Pflaumensauce

Ein bestechend einfaches Gericht, das durch die Sparsamkeit der Zutaten ebenso auffällt, wie durch seinen einmaligen Geschmack.

Zutaten:
200 g Lotuswurzeln
4 Umeboshi
1 EL Zucker
1½ EL Sojasauce
1 TL Mirin

Vorbereitung:
Die Lotuswurzeln putzen, schälen, in hauchdünne Scheiben schneiden und in kochendem Wasser garen.
Umeboshi entsteinen und durch ein Sieb passieren. Dann mit dem Zucker, der Sojasauce und dem Mirin gut vermischen.

Zubereitung:
Die Lotuswurzelstücke gut mit der Sauce vermischen und zehn Minuten ziehen lassen.

Servieren:
In vier Schälchen servieren.

Eintopf aus Rettich und Kürbis mit Erdnussauce

Zwar ist das etwas aufwendig, die Erdnüsse so lange vorzubehandeln, aber nur so werden sie weich genug für die köstliche Sauce.

Zutaten:
300–400 g Rettich
10×10 cm Kombu
1 EL Reis
200–250 g Kürbis
120 g Erdnüsse (geschält, aber mit Haut)
3/8 l Fischbrühe
2 EL Mirin
Salz
1 TL Sake
60 g Zuckerschoten
2 EL Sojasauce
1 EL Zucker
1½ EL Speisestärke

Vorbereitung:
Den Rettich schälen, in drei Zentimeter dicke Stücke schneiden und alle Ecken abrunden. In einen Topf mit reichlich Wasser Kombu, Reis und die Rettichstücke geben und bei schwacher Hitze eine Stunde kochen.
Den Kürbis gründlich waschen und halbieren. Die Kerne mit einem Löffel herausschaben und den Kürbis in kleine Würfel schneiden. Die Schale mehrmals einritzen, so kann die Brühe besser das Fruchtfleisch erreichen.
Die Erdnüsse in reichlich Wasser kochen, bis die Haut weich wird. Dann das Wasser abgießen, die Haut entfernen und die Erdnüsse noch weitere drei Stunden köcheln lassen.
Den Kürbis mit einer Tasse Fischbrühe in einen Topf geben, zum Kochen bringen und bei mittlerer Hitze zehn Minuten garen. Dann einen Eßlöffel Mirin, Salz und einen Teelöffel Sake zufügen und weitere zehn Minuten kochen.
Die Zuckerschoten putzen, waschen und kurz in kochendem Salzwasser blanchieren.

Zubereitung:
Zwei Tassen Fischbrühe mit einem Eßlöffel Mirin, zwei Eßlöffeln Sojasauce und dem Zucker zum Kochen bringen, dann die mit einem Eßlöffel Wasser gelöste Stärke zugeben, die Sauce andicken lassen und zum Schluß die Erdnüsse zufügen. Besonders sämig wird die Sauce, wenn die Erdnüsse vorher püriert werden.

Servieren
Den noch warmen Rettich zusammen mit den Kürbisstücken und den Zuckererbsenschoten in vier Schälchen servieren und darauf die Sauce gießen.

Mangold-Eintopf

Zutaten:
200 g Makrelenfilets
100 ml Sojasauce
100 ml Sake
1 TL Ingwersaft
300 g Mangold
1 Limone
etwas Speisestärke
Öl zum Fritieren
1½ l Fischbrühe
50 ml Mirin

Vorbereitung:
Die Makrelenfilets abspülen, trockentupfen und in streichholzgroße Streifen schneiden.
Anderthalb Eßlöffel Sojasauce mit einem halben Eßlöffel Sake und dem Ingwersaft verrühren und in der so entstandenen Marinade den Fisch 20 Minuten marinieren. Dabei die Filets mehrmals werden. Den Mangold putzen, waschen und in etwa zehn Zentimeter lange Streifen schneiden. Die Limone waschen und vierteln.

Zubereitung:
Die Makrelenfilets mit einem Tuch trockentupfen und mit etwas Stärke überpudern. Öl in einem Topf auf ca. 160 Grad erhitzen und den Fisch darin goldbraun ausbacken. Anschließend gut abtropfen lassen.
In einem Topf die Fischbrühe mit der restlichen Sojasauce, dem Sake und Mirin vermischen und zum Kochen bringen. Je nach Geschmack etwas Salz zugeben. Das Gemüse und den ausgebackenen Fisch zufügen, nochmals kurz aufkochen. Das Gemüse muß bißfest bleiben.

Servieren:
In vier Schalen mit den Limonenvierteln servieren. Nach Geschmack mit Limonensaft beträufeln.

Kürbis mit Garnelen-Sauce

Zutaten:
½ Hokkaido-Kürbis oder anderen Speisekürbis
5 Garnelen
500 ml Fischbrühe
1½ TL Sojasauce
Salz
½ TL Mirin
1 EL Maismehl

Vorbereitung:
Den Kürbis schälen, achteln und in grobe Stücke schneiden. Die einzelnen Stücke mehrmals bis auf einen Rand einschneiden.
Anschließend den Kürbis in siedendem Wasser nicht zu weich kochen. Die Garnelen vorsichtig aus der Schale lösen, dabei den Darm entfernen. Die Garnelen in kleine Stücke schneiden und kurz in siedendem Wasser pochieren.

Zubereitung:
Aus dem Topf mit dem Kürbis das Wasser abgießen und statt dessen die Fischbrühe mit der Sojasauce, dem Salz und Mirin aufgießen und den Kürbis in dieser Brühe langsam weichdünsten.
Das Maismehl in kaltem Wasser lösen. Den Kürbis aus der Brühe nehmen und die Brühe mit dem Mehl binden. Die Garnelen in der so angedickten Brühe kurz ziehen lassen.

Servieren:
Die Kürbisstücke in einer Schale anrichten und darüber die Garnelen-Sauce gießen.

Gemüse aus dem Wok

Obwohl der Wok in China gebräuchlicher ist als in Japan, verwenden ihn auch viele Japaner. In diesem Fall wird der Wok wie ein gewöhnlicher Topf verwendet.

Vorbereitung:
Die getrockneten Shiitakepilze in reichlich Wasser mindestens eine halbe Stunde einweichen. Die Wirsingblätter putzen, waschen und in etwa vier mal vier Zentimeter große Stücke zupfen. Die Möhren schälen und in fingerdicke Scheiben schneiden. Die Zuckerschoten und die Okraschoten putzen und waschen. Den Mais abtropfen lassen. Die Shiitakepilze waschen. Die Frühlingszwiebeln waschen und in feine Streifen schneiden.
Außer den Frühlingszwiebeln und den schwarzen Pilzen, alle Gemüse in heißem Wasser kurz blanchieren.

Zubereitung:
Den Kombu mit einem feuchten Tuch abreiben damit eventuell vorhandener Sand entfernt wird. Mit einer Küchenschere ein paar Mal einschneiden und mit ausreichend Wasser im Wok bei mittlerer Hitze zum Kochen bringen. Kurz vor dem Aufkochen den Kombu entfernen.
Miso mit etwas Brühe anrühren, zusammen mit dem Sake, der Sojasauce und dem Salz in die Konbu-Brühe geben. Das blanchierte Gemüse mit den gequollenen Pilzen (mit dem Einweichwasser) zufügen und alles bißfest garen. Zum Schluß die Frühlingszwiebeln untermischen.

Servieren:
Den Wok auf ein Rechaud stellen und warmhalten, nicht mehr köcheln lassen. Jeder nimmt das Gemüse mittels Stäbchen aus der Brühe, gibt es in ein Schälchen und streut etwas Sansho darüber. Zum Schluß wird die Brühe gegessen.

Zutaten:
150 g getrocknete Shiitakepilze
200 g Wirsingblätter
8 mittelgroße Möhren
200 g Zuckerschoten
200 g Okraschoten
200 g kleine Maiskolben (aus der Dose)
200 g Shiitakepilze
2 Frühlingszwiebeln
10×10 m Kombu
180 ml Miso
1 TL Sake
1 TL Sojasauce
Salz
1 EL Sansho

Folgende Doppelseite: Gemüse aus dem Wok

Chinakohl-Terrine mit Lachs

Das Garen über Dampf ist eine sehr schonende Methode, die den Eigengeschmack der verwendeten Zutaten besonders bewahrt.

Zutaten:
300 g Lachsfilet
6 große Chinakohlblätter
Salz
1 Ei
½ EL Öl
1 EL Sake
2 EL Sojasauce
1½ EL Speisestärke
2 EL Mirin
300 ml Fischbrühe
1 ungespritzte Zitrone

Vorbereitung:
Das Lachsfilet sorgfältig von eventuell noch vorhandenen Gräten befreien und anschließend in etwa 1 cm dicke Scheiben schneiden.
Die Chinakohlblätter waschen und die dicken Blattrippen aus der Mitte herausschneiden. Den Kohl in kochendem Salzwasser kurz blanchieren.
Währenddessen das Ei gut verquirlen. Eine flache Auflaufform mit dem Öl ausfetten und dann mit der Hälfte der Chinakohlblätter auslegen. Jeweils einen halben Eßlöffel Sake, Sojasauce und Stärke sowie die Hälfte des verquirlten Eis darübergießen. Darauf den Lachs schichten. Auf den Lachs wieder jeweils einen halben Eßlöffel Sake, Sojasauce und Stärke mit dem restlichen Ei gießen.
Zum Schluß die Terrine mit den Chinakohlblättern abdecken.

Zubereitung:
Einen großen Dampfkochtopf etwa fünf Zentimeter hoch mit Wasser füllen und dieses zum Kochen bringen. Sobald genügend Dampf aufsteigt, die Terrine auf den Siebeinsatz stellen und bei mittlerer Hitze etwa zehn Minuten über dem Dampf garen.
Währenddessen das Mirin mit der restlichen Sojasauce und der Fischbrühe in einem Topf zum Kochen bringen.
Die restliche Stärke unterrühren und einmal unter Rühren aufkochen lassen.
Von der Zitrone in feinen Streifen die Schale abschälen.

Servieren:
Die fertige Terrine aus der Form stürzen und in vier dicke Scheiben teilen.
Auf Tellern anrichten und die Sauce darübergießen. Zum Schluß mit den Zitronenstreifen schön dekorieren.

Chinakohl-Eintopf

Vorbereitung:
Den Chinakohl waschen und in streichholzgroße Stücke schneiden.
Das Schweinefleisch in hauchdünne Scheiben schneiden, diese dann in fünf Zentimeter lange Streifen schneiden.
Die Glasnudeln in kochendes Wasser geben und etwa fünf Minuten kochen. Abtropfen lassen und in zehn Zentimeter lange Stücke schneiden.

Zubereitung:
In einen anderen Topf den Chinakohl mit der Fischbrühe, der Sojasauce, Salz und Sake geben und zusammen zum Kochen bringen. Wenn die Brühe aufkocht, das Schweinefleisch zufügen, nochmals kochen und dabei die Trübstoffe abschäumen. Zum Schluß die Glasnudeln zufügen.

Servieren:
Sobald die Brühe etwas eingedickt ist, das Gericht auf vier Schalen verteilen und servieren.

Zutaten:
1 Chinakohl
300 g Schweinefleisch
70 g Glasnudeln
1 l Fischbrühe
3 EL Sojasauce
1½ TL Salz
3 EL Sake

Zucchini mit Blüten

Nur ganz junge, kleine Zucchini geben diesem Gericht den richtigen Geschmack. Die Blüten sind für das wundervolle Aroma einfach unerläßlich.

Vorbereitung:
Die Zucchini und die Zucchiniblüten waschen.
Die Umeboshi entsteinen und durch ein Sieb passieren.
Dazu den Reisessig mit dem Weißwein und der Sojasauce geben und alles gut verrühren.

Zubereitung:
Die Sauce in vier Schälchen gießen und je nach Geschmack etwas Zitronensaft darüber träufeln.

Servieren:
Die Zucchini, deren Blüten und die Shrimps in den Schalen auf der Sauce anrichten.

Zutaten:
12 Baby-Zucchini
12 zarte Zucchiniblüten
5 Umeboshi
2 EL Reisessig oder Apfelessig
1 EL Weißwein
1 TL Sojasauce
Zitronensaft
12 kleine Shrimps (küchenfertig, geschält)

Scampi in Okra-Sauce

Sollten Sie für dieses Rezept kein Myouga bekommen, können Sie auch einen halben Teelöffel frischen Ingwer nehmen.

Zutaten:
4 Okraschoten
1 TL Wasabi
1 Stück Myouga
3 EL Sojasauce
12 Langustinenschwänze, küchenfertig
frischer Dill

Vorbereiten:
Die Okraschoten mit Salz einreiben. In heißem Wasser kurz blanchieren, bis die Schoten eine schöne grüne Farbe haben. Nach dem Abkühlen die Schoten fein hacken.
Den Wasabi mit einem halben Teelöffel Wasser gründlich vermischen. Myouga in hauchdünne Streifen schneiden.

Zubereitung:
Die feingehackten Okraschoten mit Wasabi und Sojasauce vermischen.

Servieren:
Die Saucemischung auf vier Schälchen verteilen und darauf jeweils drei Langustinenschwänze dekorativ anrichten. Mit Myouga bestreuen und mit frischem Dill dekorieren.

Auberginensteaks

Trotz der Bezeichnung »Steaks« ist dies ein rein vegetarisches Gericht.

Zutaten:
2 Auberginen
Salz
12 Peperoni
1 Knoblauchzehe
2 EL Sesampaste
1 EL Miso
3 EL Mayonnaise
3 EL Naturjoghurt
½ EL Essig
frisch gemahlener Pfeffer
2 EL Öl

Vorbereitung:
Die Auberginen putzen, waschen und in anderthalb Zentimeter dicke Scheiben schneiden.
Die Auberginenscheiben salzen, auf eine Platte legen und fünf Minuten stehen lassen.
Dann die Auberginen mit Küchenkrepp abtrocknen.
Die Peperoni putzen, waschen und abtropfen lassen.
Den Knoblauch schälen und durchpressen. Mit der Sesampaste, dem Miso, der Mayonnaise, dem Joghurt und dem Essig vermischen, sparsam salzen, aber gut pfeffern.
In einem Schälchen beiseite stellen.

Zubereitung:
Das Öl in eine Pfanne geben und bei starker Hitze die Auberginenscheiben und die Peperoni braten, bis beides knusprig braun wird.

Servieren:
Die Auberginensteaks mit den Peperoni auf vier Tellern verteilen und mit der Sauce begießen.

Bambussprossen mit grüner Sauce

Versuchen Sie eine ganze Bambussprosse in der Dose zu bekommen, sie ist qualitativ besser als Bambussprossen in Scheiben. Den besten Geschmack hat natürlich eine frische Bambussprosse, die allerdings bei uns nur sehr selten angeboten wird.

Zutaten:
300 g Bambussprossen aus der Dose
¼ l Fischbrühe
2 EL Zucker
Salz
3 EL Sake
5×5 cm Kombu
200 g Spinat
2 EL weißes Miso
1 EL Mirin
1 TL gemahlene Chilischote

Vorbereitung:
Die Bambussprossen gut abtropfen lassen und anschließend in zwei Zentimeter lange und einen Zentimeter breite Stücke schneiden. Die Fischbrühe mit einem Eßlöffel Zucker, Salz, zwei Eßlöffeln Sake und Kombu in einem Topf bei großer Hitze zum Kochen bringen. Sobald die Brühe kocht, die Bambussprossen zufügen und alles unter ständigem Rühren so lange kochen, bis die Brühe fast eingekocht ist.
Den Spinat putzen, waschen, abtropfen lassen und in einem Mörser mit einem Stößel zu Paste zerstoßen.
Anschließend die Spinatpaste mit einem viertel Liter Wasser in einem Topf zum Kochen bringen. Die Mischung einmal kräftig aufkochen lassen, auf ein Sieb geben und abtropfen lassen.

Zubereitung:
Das Miso, restlichen Zucker, den Sake und Mirin in einen Topf geben und unter ständigem Rühren drei Minuten bei schwacher Hitze sieden lassen.
Sobald die Sauce etwas abgekühlt ist, wird sie mit der Spinatpaste so lange verrührt, bis eine gleichmäßige, hellgrüne Sauce entstanden ist. Das Cilipulver einrühren und die Bambussprossen vorsichtig unterheben.

Servieren:
In vier Schälchen verteilen.
Kurz ziehen lassen und dann servieren.

Kohlrabisalat

Zutaten:
1 kg Kohlrabi
Salz
50 ml Essig
2 EL Zucker
10 × 10 cm Kombu

Vorbereitung:
Die Kohlrabi putzen, waschen und schälen. Dann in hauchdünne Scheiben schneiden. Die Kohlrabischeiben in eine Schüssel legen und großzügig mit Salz bestreuen. Ein Holzbrett mit einem etwas kleinerem Durchmesser als die Schüssel auf das Gemüse legen und mit einem Gewicht (z. B. eine 1-kg-Gemüsedose) beschweren. Die gesalzenen Scheiben mindestens zwölf Stunden ziehen lassen.

Zubereitung:
Den Essig mit dem Zucker vermischen und den Kombu in sehr schmale, drei Zentimeter lange Streifen schneiden. Das Gewicht entfernen, alles mit den Kohlrabischeiben vermischen und das Gewicht wieder auflegen. Nochmals zwölf Stunden ziehen lassen.

Servieren:
Den ausgetrenen Saft ausdrücken und abgießen. Den Kohlrabisalat auf vier Schälchen verteilen.

Japore-Kartoffeln

Zutaten:
40 junge, ganz kleine Kartoffeln
8 hauchdünne Speckscheiben
10 g Ingwer
500 ml Fischbrühe
2 EL Sake
2 EL Zucker
3 EL Sojasauce

Vorbereitung:
Die Kartoffeln gründlich abbürsten, waschen und abtropfen lassen. Den Speck in etwa 5 cm lange Streifen schneiden. Den Ingwer schälen und fein reiben.

Zubereitung:
Die Kartoffeln und den Speck in einen Topf mit der Fischbrühe geben. Zugedeckt bei mittlerer Hitze kochen, bis die Kartoffeln gar und weich werden.
Sake mit dem Zucker und der Sojasauce verrühren, in den Topf eingießen und bei schwacher Hitze einkochen lassen. Dabei häufig den Topf schwenken, damit nichts ansetzen kann.

Servieren:
Das Kartoffelgericht in einer großen Schüssel servieren und mit dem geriebenen Ingwer bestreuen.

Kohlrabisalat

Sellerie mit Hühnerbrustfilet

In diesem Gericht wird der Sellerie durch das Marinieren zart und weich. Auch wer keinen Dampftopf mit Siebeinsatz besitzt, kann die Hühnerbrust im Dampf garen.

Zutaten:
200 g Hühnerbrust
Salz
1 EL Sake
180 g Staudensellerie
1 TL scharfer Senf
1 EL Sojasauce

Vorbereitung:
Die Hühnerbrust mit Salz bestreuen, auf einen Teller legen und mit Sake beträufeln.
Den Sellerie putzen, waschen und die Blätter entfernen. Anschließend den Sellerie in eine Schüssel mit Salzwasser legen und darin drei Stunden ziehen lassen. Danach den Sellerie in streichholzgroße Stifte schneiden.
Für das Garen der Hühnerbrust im Dampf eine Tasse mit der Öffnung nach unten in einen hohen Topf mit breitem Durchmesser stellen. Den Topf etwa 4 cm mit Wasser füllen und das Wasser zum Kochen bringen. Sobald Dampf entsteht, den Teller mit der Hühnerbrust vorsichtig auf die Tasse stellen, den Topf mit dem Deckel verschließen und das Fleisch etwa 6 Minuten im Dampf garen.
Anschließend den Teller vorsichtig herausnehmen (Achtung: heiß) und das Hühnerfleisch auf einem anderen Teller abkühlen lassen.
Sobald das Fleisch abgekühlt ist, wird es mit den Händen vorsichtig auseinandergezupft.

Zubereitung:
In einer Schüssel den Senf mit der Sojasauce gut verrühren und den Sellerie und das Fleisch zugeben.

Servieren:
Alles noch einmal gut in der Schüssel vermischen.
Eventuell noch mit etwas Sojasauce nachwürzen.

Salat aus Gurke und Aubergine

Eigentlich sind Auberginen roh nicht genießbar. Die Ausnahme ist dieses Rezept. Durch das hauchdünne Schneiden und das Marinieren können die Auberginen roh gegessen werden.

Zutaten:
1 Salatgurke
1 Aubergine
2 TL Salz
1 EL Shisonomi aus der Dose

Vorbereitung:
Gurke und Aubergine waschen, der Länge nach halbieren und in hauchdünne Scheiben schneiden. Zusammen in einen Topf geben und mit dem Salz bestreuen und mischen.
Shisonomi zu dem Gemüse geben, alles gut vermischen und abschmekken.

Zubereitung:
Auf das Gemüse ein Holzbrett mit einem etwas kleineren Durchmesser als den des Topfes legen und dieses dann mit einem Gewicht (z. B. 1-kg-Dose) beschweren und eine Stunde ziehen lassen.

Servieren:
Das Gewicht entfernen, den ausgetretenen Saft ausdrücken und abgießen. Alles noch einmal durchmischen und den Salat in einer Schüssel servieren.

Peperoni in Sauce

Achten Sie beim Einkauf darauf, wirklich nur milde Peperoni zu bekommen. Bei der Verwendung von scharfen Peperoni wird das Gericht fast ungenießbar scharf.

Zutaten:
150 g lange, milde Peperoni
1 EL Öl
4 EL Sojasauce
3 EL Sake
1½ EL Mirin
4 g Katsuobushi

Vorbereitung:
Die Peperoni längs halbieren, von Samensträngen und Stengelansätzen befreien, waschen und abtropfen lassen.

Zubereitung:
Die Peperoni in einer Pfanne in wenig Öl bei starker Hitze so lange braten, bis sie weich sind.
Dann die Sojasauce, Sake und Mirin nacheinander zugeben und zum Kochen bringen. Sobald es einmal aufkocht, die Pfanne vom Herd nehmen und Katsuobushi darüber streuen.

Servieren:
Peperoni und Katsuobushi kurz vermischen und in vier Schälchen servieren.

SOJABOHNEN MIT NORDSEEGARNELEN

Zutaten:
2 Tassen getrocknete Sojabohnen
300 g Nordseegarnelen mit Schale
Öl zum Fritieren
130 g Zucker
60 ml Sojasauce

Vorbereitung:
Die Bohnen über Nacht in Wasser einweichen und am nächsten Tag auf einem Sieb abtropfen lassen.

Zubereitung:
Die Garnelen mit Salzwasser waschen, abtropfen lassen und mit einem Tuch trocknen.
Das Öl in einem Topf oder in einer Friteuse auf 170 Grad erhitzen und die Garnelen darin fritieren, gut abtropfen lassen und zum Abfetten auf eine dicke Lage Haushaltspapier geben.
Die Sojabohnen in einen Topf mit sieben Tassen Wasser geben und zum Kochen bringen. Sobald sie aufkochen, die Hitze stark reduzieren und die Trübstoffe abschäumen.
Die Garnelen zugeben und den Topf verschließen. Bei schwacher Hitze kochen, bis die Bohnen ganz weich sind. Zucker und Sojasauce zufügen und solange bei schwacher Hitze kochen, bis die Sauce leicht karamelisiert.
Dabei auf keinen Fall mit einem Löffel die Zutaten mischen, sondern den Topf schütteln, damit die Bohnen nicht ihre Form verlieren.

Servieren:
In einer großen Schale servieren.

GEFÜLLTE LOTUSWURZELN

Zutaten:
200 g Lotuswurzeln aus der Dose
80 g gehacktes Hühnerfleisch
1/3 TL Salz
1 TL Sojasauce
1 TL Sake
1 TL Ingwersaft
2 1/2 EL Speisestärke
1 Eiweiß
2 EL Eiswasser
Öl zum Fritieren

Vorbereitung:
Die Lotuswurzeln mit einem Tuch gut abtrocknen und in ein Zentimeter dicke Scheiben schneiden.
Das Hackfleisch mit Salz, Sojasauce, Sake, Ingwersaft und einem halben Eßlöffel Stärke gut vermischen und danach in die Löcher der Lotuswurzelscheiben füllen.
Das Eiweiß mit der restlichen Stärke und zwei Eßlöffeln Eiswasser vermischen.
Das Öl in einer Friteuse auf ca. 170 bis 180 Grad erhitzen.

Zubereitung:
Die gefüllten Lotuswurzelscheiben in der Panade wälzen und im heißen Öl goldbraun ausbacken.

Servieren:
Die fritierten Lotuswurzelscheiben auf Küchenkrepp kurz abtropfen lassen und heiß auf vier Tellern anrichten.

CHRYSANTHEMENSALAT

Die Chrysantheme ist nicht nur das Wappenzeichen des japanischen Kaisers, sondern auch Symbol für den Herbst. Der edle Duft der Chrysantheme gibt diesem Salat seinen erfrischenden Geschmack. Japanische Chrysanthemenblätter sind leider nur mit viel Glück getrocknet im Handel erhältlich. Man kann auch die Blätter unserer Chrysanthemen verwenden.

Zutaten:
300 g Krevetten (tiefgefroren)
3 große gelbe Chrysanthemenblüten
5 EL Reisessig
Salz
300 g Spinat
1 TL Zucker
1 EL Reiswein

Vorbereitung:
Die tiefgekühlten Krevetten unter heißem Wasser waschen. In einem Topf Wasser zum Kochen bringen und die Krevetten darin garen bis sie rosa werden. In ein Sieb schütten und abtropfen lassen.
Die Blütenblätter von den Chrysanthemen abzupfen und waschen. Einen Eßlöffel Essig mit einer Prise Salz in einem kleinen Topf aufkochen und die Blütenblätter darin blanchieren. Abgießen, mit kaltem Wasser abspülen und gut abtropfen lassen. Spinat waschen, die harten Stiele herauslösen und ebenfalls in kochendheißem Salzwasser blanchieren.
Chrysanthemenblätter haben einen bitteren Geschmack, der durch die Zugabe von Essig gemildert wird. Man sollte also auch nicht zu viele Blätter verwenden.

Zubereitung:
Vier Eßlöffel Reisessig, den Zucker, Reiswein und Salz vermischen und erhitzen. Die Chrysanthemen und den Spinat gut ausdrücken, um das restliche Wasser zu entfernen und mit der abgekühlten Essigsauce vermischen.

Servieren:
Den duftenden und dekorativen Salat in vier Schälchen verteilen und mit den Krevetten verzieren.

SÜSSKARTOFFELN MIT ZITRONE

Zutaten:
500 g Bataten
½ unbehandelte Zitrone
2 EL Zucker
2 EL Sojasauce

Vorbereitung und Zubereitung:
Beide Enden von den Kartoffeln abschneiden und die Knollen schälen. In etwa 2 cm dicke Scheiben schneiden und 10 Minuten in kaltes Wasser legen. Die halbe Zitrone in hauchdünne Scheiben schneiden. Kartoffelscheiben in einen Durchschlag geben, abtropfen lassen, in einen Topf füllen und mit Zucker bestreuen. Sojasauce und Wasser darübergießen, so daß die Scheiben bedeckt sind. Die Kartoffeln in etwa 20 Minuten weich kochen. Nach 10 Minuten Kochzeit die Zitronenscheiben hinzufügen.

Servieren:
Bataten mit Zitronen und Kochflüssigkeit in Schalen füllen.

Gedünstete Pilze mit Gemüsen

Viel Salz, einige Kiefernnadeln und sonst keine Gewürze – trotzdem (oder gerade deshalb) ein Gericht mit einem wundervollen Aroma.

Zutaten:
je 150 g Shimeji-, Enoki- und Shiitakepilze
150 g Mangoldblätter
100 g Löwenzahnblätter
100 g Zuckerschoten
12 Gingko-Nüsse aus der Dose
8 Wasserkastanien aus der Dose
1 Kiefernzweig
500 g grobkörniges Meersalz
125 g weißer japanischer Rettich
2 Schalotten
2 EL Sake
40 ml Sojasauce
40 ml frisch ausgepreßter Zitronensaft
Shichimitogarashi

Vorbereitung:
Den Backofen auf 200° vorheizen.
Die Pilze waschen und putzen, dann gründlich abtrocknen und bei den größeren Pilzen ein Kreuz oben in den Hut ritzen. Das Gemüse ebenfalls waschen, bei Mangold und Löwenzahn die dicken Blattrippen entfernen. Die Zuckerschoten einmal von der Spitze her einschneiden. Die Gingko-Nüsse auf vier kleine Bambusspießchen stecken. Die Wasserkastanien gut abtropfen lassen und eventuell noch trockentupfen.

Zubereitung:
Den Boden einer unlasierten Steingutform, z. B. eines Römertopfs (etwa 30 cm Durchmesser), mit Salz bedecken. Das Salz mit wenigen Spritzern Wasser anfeuchten und auf dem Herd bei mittlerer Hitze gut durchwärmen lassen.
Nun eine dünne Schicht Kiefernnadeln auf dem Salz verstreuen und darauf die Pilze, das Gemüse, die Gingko-Nüsse und die Wasserkastanien anrichten. Zum Schluß noch einige Kiefernnadeln darüberstreuen. Die Form fest verschließen und, wenn nötig, den Rand noch zusätzlich mit Alufolie abdichten.
Das Gericht im Backofen etwa 20 Minuten dünsten lassen. Dabei die Form nicht öffnen und nicht schütteln.
Währenddessen den Dip zubereiten: Den Rettich schälen und sehr fein reiben. Die Schalotten in sehr dünne Scheiben schneiden. Den Sake in einem kleinen Topf anwärmen, sofort vom Herd nehmen und anzünden. Dabei den Topf vorsichtig schwenken, bis die Flamme erlischt. Dann den Sake in einer Schüssel abkühlen lassen. Anschließend den Rettich, die Schalotten, die Sojasauce, den Zitronensaft und das shichimi togarashi mit dem Sake verrühren.

Servieren:
Den Deckel von der Form entfernen, die Kiefernnadeln ebenfalls vorsichtig entfernen und das Gericht direkt in der Form servieren. Den Dip in vier Schälchen dazu reichen. Jeder nimmt das, was er speisen möchte, mittels Stäbchen aus der Form und tunkt es in den Dip.

Gedünstete Pilze mit Gemüse

SÜSSKARTOFFELKLÖSSE MIT SCHWEINE-FLEISCHFÜLLUNG

Die Eigensüße der Süßkartoffeln erinnert an Maronen und macht diese Klöße mit keinen anderen vergleichbar.

Zutaten:
450 g Süßkartoffeln
2 EL Öl
2 EL gehackte Frühlingszwiebeln
100 g gehacktes Schweinefleisch
1 EL Sake
2 TL Sojasauce
grüner Pfeffer aus der Mühle
80 g Speisestärke
1 EL Sesamkörner
etwas Essig

Vorbereitung:
Von den Süßkartoffeln die beiden bitteren Enden abschneiden. Die Knollen mit einem kleinen Küchenmesser schälen. Die cremefarbenen Süßkartoffeln waschen und in zwei Zentimeter dicke Stücke schneiden. Die geschnittenen Kartoffeln sofort in Wasser legen, damit sie ihre Farbe behalten. Anschließend in reichlich Wasser gar kochen, abgießen und durch ein Sieb passieren. Dabei darauf achten, daß die Kartoffeln warm bleiben.
In einer Pfanne einen halben Eßlöffel Öl erhitzen. Zuerst die Frühlingszwiebeln, dann das Hackfleisch darin anbraten. Sake und einen Teelöffel Sojasauce dazugeben und das Ganze reichlich pfeffern. Einige Minuten weiterbraten.
Die passierten Kartoffeln sorgfältig mit der Stärke vermischen. Die Hackfleischmischung und den Kartoffelbrei in jeweils acht Teile teilen. Jeweils einen Teil Hack auf einen Teil Kartoffeln geben und einen Kloß formen.

Zubereitung:
In einer Pfanne anderthalb Eßlöffel Öl erhitzen und die Klöße darin von allen Seiten anbraten. Das muß rasch und gleichmäßig geschehen, damit die Klöße nicht auseinanderfallen.

Servieren:
Die Klöße mit Sesamsamen bestreuen und auf vier Tellern anrichten. Je nach Geschmack mit etwas Essig und Sojasauce beträufeln.

WEISSER RETTICH MIT RIPPCHEN

Zutaten:
800 g weißer Rettich mit Blättern
8 getrocknete Shiitakepilze
1 EL Öl
600 g Schweinerippchen
50 ml Sake
2 EL Mirin
1 EL Zucker
5 EL Sojasauce

Vorbereitung:
Den Rettich schälen, der Länge nach halbieren und in zwei Zentimeter dicke Stücke schneiden. Die Rettichblätter in drei Zentimeter lange Stücke schneiden und kurz in kochendem Wasser blanchieren.
Die Shiitakepilze 15 bis 20 Minuten in 200 ml lauwarmem Wasser einweichen. Dann abtropfen lassen, etwas ausdrücken und die Stiele entfernen.

Zubereitung:
Öl in einer hohen Pfanne erhitzen und bei starker Hitze die Rippchen so lange braten, bis sie goldbraun sind.
Den Rettich mit den Shiitake zu den Rippchen geben und kurz anbraten. Dann mit Sake beträufeln und mit wenig Wasser aufgießen. Zusammen zum Kochen bringen.
Sobald die Brühe aufkocht, die Trübstoffe abschäumen und die Hitze stark reduzieren. Mirin, Zucker und die Hälfte der Sojasauce zugeben. Die Pfanne abdecken und alles bei schwacher Hitze 15 Minuten kochen. Die restliche Sojasauce zufügen und noch einmal zehn Minuten kochen. Die Rettichblätter hinzufügen und nochmals eine Minute aufkochen.

Servieren:
In einer großen Schale anrichten.

SHIITAKEPILZE MIT LIMONENSAUCE

Zutaten:
12 frische Shiitakepilze
Salz
100 g Stielmus
4 Limonen
2 EL Fischbrühe
2 EL Sojasauce

Vorbereitung:
Die Pilze putzen und waschen. Dann die Stiele herausdrehen und die Pilze salzen.
Eine Pfanne bei mittlerer Hitze heiß werden lassen. Die Shiitake kurz von beiden Seiten darin anrösten, so werden die Pilze aromatischer. Dann die Shiitake aus der Pfanne nehmen und in dünne Scheiben schneiden.
Reichlich Wasser mit Salz zum Kochen bringen. Das Stielmus darin bißfest garen, abtropfen lassen und in drei Zentimeter lange Stücke schneiden.
Die Limonen auspressen und den Saft mit der Fischbrühe und der Sojasauce verrühren.

Zubereitung:
Shiitake, Stielmus und die Sauce gut vermischen.

Servieren:
In vier Schälchen servieren.

GETREIDE

SUSHI, REIS UND NUDELN

Wie aus Reis wundervolle »Happen« werden

Sie sind klein und entsprechen wirklich nur einem »mundvoll«, aber die japanische Küche wäre ohne sie nur sehr unvollständig. Die Rede ist natürlich von Sushi, diesen wundervollen Happen, die so leicht daherkommen und gar nicht so leicht herzustellen sind.
Auf jeden Fall ist es ein paar Versuche wert, einmal Sushi selber zu rollen oder zu formen. Trösten Sie sich, es ist unwahrscheinlich, daß es direkt beim ersten Versuch hundertprozentig gelingt. Mal ist das Noriblatt für die Füllung zu klein, mal ist es zu wenig Reis, mal ist die Füllung nicht in der Mitte. Auch die Beschaffenheit des gekochten Reis ist sehr wichtig: Er darf weder zu hart noch zu weich sein. Gegarter Sushireis muß heiß in einem Holzgefäß mit einer Essiglösung gemischt werden. Die überschüssige Feuchtigkeit wird vom Holz aufgesogen.

Es ist auch sehr wichtig, daß alle Zutaten die gleiche Temperatur (Zimmertemperatur) haben. Um Sushi fachgerecht zu rollen, brauchen Sie auf jeden Fall eine entsprechende Bambusmatte. Diese wird auf der Arbeitsfläche ausgelegt und darauf kommt das ausreichend große Noriblatt. Das Aroma des Noriblatts wird verstärkt, wenn es über einer Flamme auf der äußeren Seite angeröstet wird.
Das Noriblatt wird so gelegt, daß an der körperabgewandten Seite ein Streifen Bambusmatte frei bleibt.
Nun eine Tasse Sushireis auf dem Noriblatt gleichmäßig verteilen. Dabei muß immer darauf geachtet werden, daß der Reis nicht gequetscht wird.
Sind alle anderen Zutaten wirklich gut abgetrocknet? Das ist eine weitere Voraussetzung für das Gelingen von Sushi-Rollen. Für die Zutaten eine Furche in die Reismitte drücken und die Zutaten hineinlegen. Nun die Bambusmatte so anheben, daß sich das Noriblatt mit dem Reis aufwickelt.
Die Sushi-Rolle soll fest werden, ohne daß der Reis und die Zutaten zerdrückt werden. Zum Schluß die angefeuchteten freien Enden des Noriblatts fest zusammendrücken und die Bambusmatte entfernen. Die Sushi-Rolle mit dem Saum nach unten auf ein Arbeitsbrett legen. Ein Messer in kalte Essig-Wasser-Lösung tauchen und die Rolle in sechs bis acht Teile teilen. Das Messer zum Schneiden muß glatt und scharf sein.
Will man keine Sushi-Rollen, sondern zum Beispiel Nigiri-Sushi, so werden aus einem knappen Eßlöffel Sushireis in der einen Handfläche abgeflachte Klöße geformt, während in der anderen Handfläche der Belag liegt. Nun den Belag auf den Reiskloß geben. Eventuell vorher noch Wasabipaste auf den Reis streichen. Fertig ist der leckere »Happen«.

Reis

Beim Reis unterscheiden die Japaner in erster Linie zwei Sorten:

Uruchireis. Er ist halbdurchsichtig, ovalrund und findet vor allem in Sushi Verwendung. Auch als einfacher, gekochter Reis mit Gemüse wird er verwendet. Echter Uruchireis ist in Europa nicht erhältlich. Kalifornischer Rundkornreis bietet hier eine Alternative.

Mochireis. Er ist undurchsichtig weiß, rundlich und besonders klebrig. Er wird vor allem für Chimaki und Sekihan verwendet.

In unseren Rezepten wird der **Uruchireis** einfach »Reis« genannt, der **Mochireis** behält diesen Namen in den Rezepten bei.

Nudeln

Was auf den ersten Blick wie eine Vielzahl von Sorten aussieht, sind in Wirklichkeit nur Variationen der einzelnen Nudelsorten.

Harusame, Glasnudeln, werden aus Kartoffelstärke hergestellt. In gekochtem Zustand erinnern die dünnen durchsichtigen Streifen an einen milden Frühlingsregen. Daher auch der poetische Name »Harusame« (Frühlingsregen). Je nach Sorte werden Glasnudeln nur kurz mit heißem Essigwasser überbrüht oder aber einmal kurz aufgekocht. In beiden Fällen werden die Nudeln durchsichtig. Es muß auf jeden Fall vermieden werden, die Nudeln zu lange zu kochen, da sie sonst regelrecht schmelzen.

Soba, Buchweizennudeln, werden aus Buchweizen, dunklem Weizenmehl, Salz und Wasser hergestellt. Heute fügt man manchmal auch noch geriebene Yams Würze (das Stärkemehl einer besonders stärkehaltigen Kartoffelsorte) als Bindemittel hinzu. Soba-Nudeln sind roh, vorgekocht oder getrocknet im Handel erhältlich. Den richtigen Biß bekommen sie, wenn man sie in reichlich Wasser einmal aufkochen läßt, dann mit etwas kaltem Wasser abschreckt, wiederum aufkochen läßt, abschreckt und das Ganze noch einmal wiederholt.

Somen, Hartweizennudeln, werden aus Hartweizenmehl, Salz und Wasser hergestellt. Dicke Stränge aus Nudelteig werden mit Öl eingepinselt und zu einem Millimeter dicken Fäden gezogen, diese werden getrocknet und dann zu kurzen Nudeln geschnitten. Manchmal wird der Teig mit Tee eingefärbt.

Udon, dicke Weizennudeln, werden aus Mehl, Wasser und Salz hergestellt. Obwohl nicht so bißfest wie Spaghetti, werden sie doch »al dente« gekocht. Es gibt sie ebenfalls roh, vorgekocht oder getrocknet, dazu noch in unterschiedlicher Form. Mal rund und dick, mal eckig-breit.

Bis auf die Glasnudeln ist allen japanischen Nudeln gemeinsam, daß sie salziger sind, als wir Europäer es gewohnt sind. Manchmal gibt es besonders hübsche Arten der Verpackung: Die Nudeln werden in der Mitte gebunden und so zu kleinen Paketen gepackt. Davon sind immer mehrere in einer Packung und einzelne Nudeln sind eingefärbt. Schon beim Einkauf bietet dies ein attraktives Bild.

Reis kochen

In Japan besitzt der Reis den gleiche Stellenwert wie bei uns das Brot. Normalerweise wird er in einer Schale auf den Tisch gestellt und zu anderen Gerichten gegessen.
Als Faustregel für das Reiskochen gilt: Das Volumenverhältnis von Reis zu Wasser muß 1:1,2 sein.

Zutaten:
200 g Uruchireis (japanischer Rundkornreis)
3/8 l Wasser

Zubereitung:
Den Reis in einem Sieb so lange waschen, bis das Wasser klar bleibt. Anschließend den Reis eine Stunde abtropfen lassen.
Dann den Reis in einen zwei bis drei Liter fassenden Kochtopf geben und drei achtel Liter kaltes Wasser hinzufügen. Darin den Reis 30 Minuten einweichen lassen.
Anschließend den Reis bei mittlerer Hitze zum Kochen bringen und gelegentlich umrühren, damit der Reis nicht ansetzt. Sobald er kocht, den Deckel auflegen und den Reis zehn Minuten weiterkochen lassen, bis alles Wasser aufgesogen ist. Die Hitze auf kleinste Stufe herunterschalten und den Reis fünf Minuten ruhig ziehen lassen. Nun den Topf vom Herd nehmen und weitere fünf Minuten stehen lassen. Erst dann den Deckel entfernen.
Den Reis noch heiß servieren.

Hausgemachte Nudeln

Ein Grundrezept für hausgemachte Nudeln. Sie passen sehr gut in eine Suppe oder zu Sukiyaki.

Zutaten:
400 g Mehl, Type 405 oder 550
1 EL Salz
1/4 l Wasser

Vorbereitung:
Das Mehl in eine Schüssel sieben. Das Salz in dem Wasser auflösen.
Das Mehl mit wenig Salzwasser vermischen und den Vorgang so lange wiederholen, bis das ganze Wasser aufgebraucht ist.
Nun gut verkneten, bis eine glatte Masse entsteht. Diese in ein feuchtes Tuch wickeln und 30 Minuten ruhen lassen.
Anschließend ein Backbrett mit Mehl leicht bestäuben, darauf die Masse mit beiden Händen kräftig kneten.
Den Teig mit dem Handballen flachdrücken, zusammenlegen und wieder flachdrücken, bis der Teig elastisch ist. Vor dem Ausrollen wieder das Backbrett leicht mit Mehl bestäuben, dann den Teig von der Mitte zum Rand hin gleichmäßig etwa 5 mm dick ausrollen.
Nun den Teig etwa fünf Zentimeter breit zusammenfalten und mit einem scharfen Messer in fünf Millimeter breite Streifen schneiden.
Zum Schluß die Nudeln mit beiden Händen vorsichtig aufnehmen und auseinanderschütteln. Die fertigen Nudeln können entweder sofort gekocht oder getrocknet werden.

Sushireis kochen

Sushireis wird aus Uruchireis gekocht, der klebriger als Langkornreis ist, allerdings nicht dem Risottoreis entspricht. Es muß immer 10% weniger Wasser zum Kochen von Sushireis verwendet werden als oben angegeben. Das Volumenverhältnis von Reis zu Wasser ist immer 1:1,1. Weitere 10% Flüssigkeit werden durch eine Mischung von Essig, Zucker und Salz ersetzt.

Für das Kochen von Sushi-Reis ergeben sich folgende Mengen an Reis, Wasser und Essiglösung:

Reis	*Wasser*	*Essig*	*Zucker*	*Salz*
200 g	270 ml	20 ml	½ EL	½ TL
300 g	400 ml	30 ml	¾ EL	¾ TL
400 g	540 ml	40 ml	1 EL	1 TL

Zutaten:
40 ml Reisessig
1 EL Zucker
1 TL Salz
1½ EL Mirin
400 g Uruchireis (japanischer Rundkornreis)
5 × 5 cm Kombu

Vorbereitung:
In einem anderthalb Liter fassenden Topf den Reisessig mit dem Zucker, Salz und dem Mirin ohne Deckel zum Kochen bringen. Einmal gut aufkochen, dann den Topf vom Herd nehmen und alles auf Zimmertemperatur abkühlen lassen.
Den Reis in kaltem Wasser so lange waschen, bis das Wasser klar bleibt. Anschließend eine Stunde auf einem Sieb abtropfen lassen. Den Reis in einen Topf füllen und 540 ml Wasser darübergießen. Anschließend den Kombu zufügen und alles bei starker Hitze und unter ständigem Rühren zum Kochen bringen. Die Temperatur sofort auf mittlere Stufe herunterschalten und mit Deckel etwa zehn Minuten weiterkochen, bis der Reis alle Flüssigkeit aufgesogen hat. Auf kleinster Stufe noch fünf Minuten ziehen lassen. Den Topf vom Herd nehmen und nochmals fünf Minuten ziehen lassen. Erst dann den Deckel abnehmen und den Kombu entfernen.

Zubereitung:
Den Reis in eine flache, unlackierte Holzschale geben und sofort die heiße Reisessig-Sauce daruntermischen.
Damit möglichst viel Feuchtigkeit verdunstet, sollte der Reis dauernd befächert werden. So kühlt der Reis auch schneller ab.

Verwendung:
Dieser Reis kann für alle Sushirezepte verwendet werden.

Verschiedene Reisbällchen

Ein beliebtes Essen in Japan sind Reisbällchen, die als das Butterbrot des Japaners bezeichnet werden können. Es gibt viele Varianten von denen wir eine kleine davon Auswahl getroffen haben:

Zutaten:
5 Tassen Uruchireis (japanischer Rundkornreis)
6 Tassen Wasser

Für Variante 1
100 g Lachsfilet
1 Zitrone, unbehandelt
1 EL Aonori

Für Variante 2
100 g Dorschrogen
2 EL schwarze Sesamsamen
1 EL Umeboshi

Der Reis
Den Reis nach Rezept (Seite 70) zubereiten und warm halten, damit er sich zu Bällchen formen läßt. Abgekühlter Reis klebt nicht mehr so gut zusammen.
Zum Formen eine Schüssel mit kaltem Wasser und einen Teller mit Salz bereitstellen. Mit dem Wasser jeweils die Hände anfeuchten und die Handflächen mit wenig Salz bestreuen. Das Formen der Reisbällchen muß immer schnell und vorsichtig geschehen. Acht Tassen Reis reichen für 15 Reisbällchen.

I. Reisbällchen mit Lachs
Das Lachsfilet kurz bei starker Hitze grillen, abkühlen lassen und in sehr kleine Stücke teilen.
Die Zitrone in hauchdünne Scheibchen schneiden.
Eine Handvoll Reis nehmen, in die Mitte mit dem Finger ein Loch drücken, den Lachs hineinfüllen. Das Ganze rasch mit beiden Händen zu einem Bällchen formen. Mit Aonori überpudern und mit den Zitronenscheiben garnieren. Diesen Vorgang etwa drei- bis viermal wiederholen.

II. Reisbällchen mit Dorschrogen und Sesam
Den Dorschrogen kurz bei großer Hitze grillen und anschließend zerkrümeln, bis er wie Mohnsamen aussieht. Die Sesamsamen in einer Pfanne ohne Fett rösten und anschließend abkühlen lassen.
Nun wie bei Nummer eins aus Reis und Dorschrogen Bällchen formen. Diese mit Sesamsamen bestreuen und obenauf etwas Umeboshi setzen.

Servieren:
Ob man sich für eine Sorte Reisbällchen entscheidet oder gleich alle Sorten anfertigen will, immer kommen die Reisbällchen hübsch dekoriert auf einem großen Teller auf den Tisch.
Außerdem wird, falls verschiedene Reisbällchen serviert werden, immer eingelegter Ingwer dazu gereicht. Ingwer neutralisiert und erfrischt die Geschmacksnerven.

Verschiedene Reisbällchen

Verschiedene Reisbällchen

Daß die Füllungen der Reisbällchen nicht nur aus Fisch bestehen müssen, beweisen die folgenden Varianten.

Zutaten:
5 Tassen Uruchireis (japanischer Rundkornreis)
6 Tassen Wasser

Für Variante 3
100 g eingelegter Rettich
2 EL Sojasauce
3 EL Katsuobushi
10 × 10 cm Ajitsukenori

Für Variante 4
100 g rote, eingeweichte Bohnen
1 EL Zucker
50 g eingelegte Maronen

Für Variante 5
1 Stange Porree
50 g Shrimps, küchenfertig, vorgekocht
eingelegter Ingwer

Der Reis
Den Reis nach Rezept (Seite 71) zubereiten und warm halten, damit er sich zu Bällchen formen läßt. Abgekühlter Reis klebt nicht mehr so gut zusammen.
Zum Formen eine Schüssel mit kaltem Wasser und einen Teller mit Salz bereitstellen. Mit dem Wasser jeweils die Hände anfeuchten und die Handflächen mit wenig Salz bestreuen. Das Formen der Reisbällchen muß immer schnell und vorsichtig geschehen. Acht Tassen Reis reichen für 15 Reisbällchen.

III. Reisbällchen mit Rettich und Katsuobushi
Etwa 50 Gramm eingelegten Rettich sehr fein hacken und mit wenig Sojasauce vermischen. Wie bei Nummer eins aus Reis und Katsuobushi rasch Bällchen formen. Den Ajitsukenori in einen Zentimeter breite und acht bis zehn Zentimeter lange Streifen schneiden. Die Streifen um die Mitte der Reisbällchen wickeln und den Rest der Fläche mit dem gehackten Rettich bestreuen.

IV. Reisbällchen mit roten Bohnen und Maronen
Die Bohnen in reichlich Wasser etwa 45 Minuten kochen. Die Maronen abtropfen lassen. Wie bei Nummer eins aus Reis, Bohnen und Maronen rasch Bällchen formen.

V. Reisbällchen mit Porree und Shrimps
Den Porree in hauchdünne Scheibchen schneiden und kurz in kochendheißem Wasser blanchieren. Die Shrimps halbieren und in fadendünne Streifen schneiden. Wie bei Nummer eins aus Reis, Porree und Shrimps rasch Bällchen formen.

Servieren:
Die Reisbällchen genauso wie auf Seite 72 servieren.

Mit reis gefüllter Tintenfisch

Sollte der Tintenbeutel im Fisch verblieben sein, können Sie die Tinte mit in den Reis geben.

Zutaten:
200 g Mochireis
4 kleine, ganze Tintenfische
10 g getrocknete Shrimps
1 getrockneter Shiitakepilz
30 g mageres Schweinefleisch
20 g Bambussprossen aus der Dose
2 TL Pflanzenöl
1/4 l Hühnerbrühe
80 ml Sake
1/2 TL Zucker
3 EL Sojasauce
80 ml Mirin

Vorbereitung:
Den Reis waschen und über Nacht in Wasser einweichen. Am nächsten Tag gründlich abtropfen lassen.
Die Tintenfische eventuell ausnehmen und waschen. Dann die Beine abschneiden und diese in fünf Zentimeter lange Stücke schneiden.
Die getrockneten Shrimps mit dem Pilz etwa 30 Minuten in wenig warmem Wasser einweichen.
Das Schweinefleisch, die Bambussprossen, den Shiitakepilz und die Shrimps in fünf Millimeter kleine Würfel schneiden.

Zubereitung:
Das Öl in einem Topf erhitzen, die Beine des Tintenfisches zusammen mit dem Schweinefleisch, den Bambussprossen, dem Pilz und den Shrimps anbraten. Dann den Reis zugeben und weiterbraten. Jetzt drei Eßlöffel Brühe, einen Eßlöffel Sake, einen halben Teelöffel Zucker und einen Eßlöffel Sojasauce zufügen und so lange einkochen, bis die Brühe fast verkocht ist.
Nun die Tintenfische mit der Mischung locker füllen und jeweils mit einem Zahnstocher gut verschließen.
In einen Topf die restliche Brühe mit einem Eßlöffel des Einweichwassers von Shrimps und Pilz, den restlichen Sake, das Mirin und zwei Eßlöffeln Sojasauce geben. Die gefüllten Tintenfische hineinsetzen und bei geschlossenem Topf und starker Hitze zum Kochen bringen. Sobald das Ganze einmal kocht, die Hitze reduzieren und bei schwacher Hitze acht Minuten weiterkochen. Dann die Hitze abstellen, den Deckel entfernen und alles weitere sechs Minuten schmoren lassen, bis die Tintenfische schön glänzen.

Servieren:
Die Tintenfische in daumendicke Stücke schneiden und auf Tellern servieren.

Gedämpfter Reis mit Gingko und verschiedenen Pilzen

Für dieses Rezept werden gleich zwei Reis-Arten verwendet. Einmal Mochireis und einmal Uruchireis.

Zutaten:
100 g Hühnerbrustfilet
1 Möhre
40 g frische Shiitakepilze
40 g Austernpilze
40 g Steinpilze
3 EL Sojasauce
1 EL Sake
1 EL Mirin
1 Tasse Mochireis
2 Tassen Uruchireis
25 Gingko-Nüsse aus der Dose
720 ml Fischbrühe
16 marinierte Weinblätter, fertig gekauft
einige Stengel Schnittlauch

Vorbereitung:
Das Hühnerbrustfilet in etwa fünf Millimeter kleine Würfel schneiden.
Die Möhre schälen und in ebenso kleine Würfel schneiden.
Alle Pilze sorgfältig putzen, waschen und gründlich abtropfen lassen. Anschließend in dünne Scheiben und dann in feine Streifen schneiden.
In einer Schüssel die Sojasauce mit dem Sake, Mirin, dem Fleisch, der Möhre und den Pilzen zehn Minuten ziehen lassen.

Zubereitung:
Nun alle Zutaten, auch den Reis, die Gingko-Nüsse und die Fischbrühe in einen großen Topf geben. Bei mittlerer Hitze so lange kochen, bis die Sauce fast eingekocht und der Reis halb gar ist.
Jeweils zwei Weinblätter knapp übereinanderlegen. Jeweils eine Portion der Reismischung daraufgeben und die Blätter zu kleinen Säckchen zusammenfassen.
Diese oben mit Schnittlauch zusammenbinden.
Nebeneinander in ein Dampfgefäß stellen und etwa 15 Minuten dämpfen. Um den Geschmack zu verfeinern kann ein Kiefernzweig zugefügt werden.

Servieren:
Die Säckchen schön dekoriert auf vier kleinen Tellern servieren.
Wenn die Säckchen in einem Dampftopf aus Bambus gegart werden, kann das bei Tisch geschehen. Jeder nimmt sich dann selber sein Säckchen aus dem Topf.

Gedämpfter Reis mit Gingko und verschiedenen Pilzen

RAPSBLÜTEN-SUSHI

Beim traditionellen Kirschblütenfest wird dieses Gericht gereicht. Schließlich blühen auf dem Reis wunderschöne Rapsblüten (aus Rettich).

Zutaten:
1 Stück sauer eingelegter Rettich, etwa 10 cm groß
8 Shisoblätter
1 unbehandelte Limone
1 Noriblatt
4 EL Sesamkörner
80 ml Reisessig
1 TL Zucker
Salz
1 EL Sake
3 Tassen Uruchireis (japanischer Rundkornreis)
15 × 15 cm Kombu

Vorbereitung:
Den Rettich in fünf Millimeter große Würfel schneiden. Die Shisoblätter und die Limone waschen, dann die Shisoblätter in zwei Millimeter breite Streifen und die Limonenschale in sehr feine Streifchen schneiden.
Das Noriblatt ohne Fett von einer Seite in einer Pfanne rösten und mit einer Schere fadendünn schneiden. Die Sesamkörner ebenfalls ohne Fett kurz rösten.

Zubereitung:
Den Reis waschen und abtropfen lassen. Dann den Reis mit drei Tassen kaltem Wasser in einen Topf geben und 30 Minuten einweichen.
Den Reisessig mit dem Zucker, Salz und dem Sake in einen Topf füllen und zusammen zum Kochen bringen. Sobald die Brühe gekocht hat, diese vom Herd nehmen und abkühlen lassen.
Den Kombu dazugeben und bei mittlerer Hitze zugedeckt zum Kochen bringen. Sobald der Reis zu kochen beginnt, den Kombu herausnehmen, den Topf fest zudecken und weitere zehn Minuten kochen, bis das Wasser ganz aufgesogen ist. Den Reis warmhalten und ohne umzurühren fünf Minuten ruhig stehenlassen.
Den heißen Reis in eine flache hölzerne Schüssel geben und mit einem hölzernen Reislöffel rasch die Reisessig-Lösung daruntermischen. Dabei den Reis ständig befächern. Dieser Vorgang dauert noch einmal etwa zehn Minuten. Anschließend die Schüssel mit einem sauberen Tuch bedecken und auf Zimmertemperatur abkühlen lassen. Sobald die Reismischung abgekühlt ist, die Sesamkörner und die Limonenschale vorsichtig unterheben. Zum Schluß den Rettich mit den Shisoblättern auf dem Reis zu hübschen Rapsblüten arrangieren.

Servieren:
Den Reis auf vier Tellern anrichten und mit Nori bestreuen.

Makizushi

Bei Makizushi bilden Reis, Pilze, Kürbisstreifen und Würzen den Kern der Sushirolle, das Noriblatt die Hülle.

Zutaten:
2 Tassen Uruchireis (japanischer Rundkornreis)
6 getrocknete Shiitakepilze
4 EL Sojasauce
4 EL Zucker
30 g getrocknete Kürbisstreifen
2 Noriblätter
3 Eier
Salz
Öl
10 Stengel Stielmus
1 mittelgroße Möhre

Vorbereitung:
Den Reis nach Rezept (Seite 71) zubereiten und beiseite stellen. Die Shiitakepilze in ausreichend warmem Wasser etwa 20 Minuten einweichen. Anschließend die Pilze herausnehmen, die Stengel abschneiden und die Hüte in dünne Streifen schneiden. Anschließend die Pilze mit drei Eßlöffeln Sojasauce und drei Eßlöffeln Zucker in dem Einweichwasser kochen.
Die getrockneten Kürbisstreifen mit Salz abreiben, kurz in kochendes Wasser geben und anschließend abspülen. Dann die Kürbisstreifen mit etwas Wasser und der restlichen Sojasauce zu den Pilzen geben und alles einkochen lassen.
Die Noriblätter kurz in einer Pfanne ohne Fett von einer Seite rösten.
Die Eier mit einem Eßlöffel Zucker und etwas Salz verschlagen und ein Drittel davon in einer kleinen Pfanne mit wenig Öl gleichmäßig dünn ausgießen und ein Omelett backen. Den Vorgang zweimal wiederholen. Die Omeletts eventuell auf die Größe der Noriblätter zurechtschneiden.
Stielmus putzen und waschen, die Möhre schälen und in dünne Stifte schneiden. Beides kurz in kochendem Salzwasser blanchieren.

Zubereitung:
Eine Bambusmatte auf der Arbeitsplatte auslegen und darauf ein Noriblatt legen. Darauf zuerst das Omelett legen, dabei an der körperabgewandten Seite einen Zentimeter des Noriblattes freilassen. Auf das Omelett die Hälfte vom Reis geben und in die Mitte Pilze, Kürbis, Stielmus und Möhre geben. Den freigelassenen Nori-Streifen mit etwas Essigwasser anfeuchten. Bambusmatte und Klarsichtfolie anheben und fest aufrollen, zum Schluß etwas zusammendrücken. Mit der zweiten Rolle genauso verfahren. Das Aufrollen erfolgt wie das Rollen einer Biskuitrolle.

Servieren:
Die Rollen jeweils in sechs bis acht Scheiben schneiden und auf einer großen Platte oder einem großen Teller dekorativ anrichten.

Zügelsushi

Das diagonale Muster dieser Sushis erinnert an die prächtigen Samuraizügel, die aus farbigem Seidenstoff gedreht wurden.

Zutaten:
4 Tassen Mochireis
8 Blätter Spinat
1 Möhre
6 Garnelen
1 Stück Aal, 10 cm
2 Eier
2 TL Zucker
Öl
Salz

Vorbereitung:
Den Reis nach Rezept (Seite 71) zubereiten und beiseitestellen. Den Spinat putzen und waschen, die Möhre schälen. Beides in Streifen schneiden und in kochendem Wasser kurz blanchieren.
Die Garnelen aus den Schalen lösen, den Schwanz abschneiden, die Garnelen am Rücken leicht einschneiden und dabei den schwarzen Darmfaden entfernen. Die Garnelen auf Spießchen stecken, damit sie beim Garen gerade bleiben. Dann in kochendem Wasser garen und anschließend längs halbieren.
Den Aal häuten, entgräten und in kochendem Wasser pochieren, anschließend in etwa fünf Zentimeter lange und drei Zentimeter breite und zwei Millimeter dicke Streifen schneiden.
Die Eier in eine Schüssel schlagen und mit zwei Teelöffeln Zucker und etwas Salz verschlagen. Durch ein Sieb passieren.
Wenig Öl in einer Pfanne erhitzen und alles überschüssige Öl sofort wieder entfernen.
Ein Drittel der Eimischung dünn und gleichmäßig in der Pfanne verteilen. Bei schwacher Hitze stocken lassen, sofort mit einem Stäbchen vom Rand her lockern und dann umdrehen.
Danach aus der Pfanne auf ein Brett gleiten lassen, dreifach zusammenfalten und in etwa zwei Millimeter breite Streifen schneiden.
Diesen Vorgang dreimal wiederholen.

Zubereitung:
Eine Bambusmatte auf der Arbeitsfläche ausrollen, darauf ein Stück Frischhaltefolie (etwa 25 x 25 cm) ausbreiten, darauf die Hälfte der Shrimps, des Omeletts, des Spinats, der Möhre und des Aals schräg ausrichten, so daß ein farbenfrohes diagonales Muster entsteht.
Eine Hälfte vom Reis zu einer 20 Zentimeter langen Rolle formen und auf die Zutaten legen.
Nun die Bambusmatte mit der Folie anheben, fest aufrollen, zum Schluß etwas andrücken und die Sushirolle herausnehmen.
Aus dem restlichen Reis und den übriggebliebenen Zutaten eine zweite Rolle formen.

Servieren:
Die fertigen Sushirollen mit einem scharfen Messer in jeweils sechs Stücke schneiden.
Hübsch dekoriert auf einer großen Platte oder einem großen Teller anrichten.

Folgende Doppelseite:
Verschiedene Sushi

Chirashizushi

Die wörtliche Übersetzung von chirashi heißt verstreut. Diese Sushi heißen so, weil mehrere Zutaten in den Reis gegeben (verstreut) werden.

Zutaten:
3 Tassen Uruchireis (japanischer Rundkornreis)
2 getrocknete Shiitakepilze
1 Streifen getrockneter Kürbis
Salz
2 EL Sojasauce
3 EL Zucker
1 EL Mirin
30 g Zuckerschoten
1 kleine Möhre
8 Shrimps
1 daumendicke Scheibe Lotuswurzel aus der Dose
2 Eier

Vorbereitung:
Den Reis nach Rezept (Seite 71) zubereiten und beiseite stellen.
Die Shiitakepilze in ausreichend warmem Wasser etwa 20 Minuten einweichen. Anschließend die Stengel entfernen, die Hüte in Scheiben schneiden und die Pilze im Einweichwasser kochen.
Den getrockneten Kürbis mit etwas Salz abreiben und gut abwaschen. Dann mit der Sojasauce und je einem Eßlöffel Zucker und Mirin zu den Pilzen geben und alles fast ganz einkochen lassen.
Die Zuckerschoten putzen und die Möhre schälen. Aus beidem feine Streifen schneiden und in kochendem Wasser kurz blanchieren.
Die Schale der Shrimps mit dem Schwanz entfernen. Dann die Shrimps am Rücken etwas einschneiden und dabei vorsichtig den schwarzen Darmfaden entfernen. Die Shrimps auf Spießchen stecken und kurz in der Pfanne garen.
Die Lotuswurzeln abtropfen lassen und in sehr feine Scheibchen schneiden. Diese dann in Viertel teilen.
Aus den Eiern, dem restlichen Zucker und etwas Salz einen Teig rühren und daraus in einer Pfanne mit wenig Fett drei sehr dünne Omeletts backen.
Diese mehrmals falten und in feine Streifen schneiden.

Zubereitung:
Den gut abgekühlten Reis mit den Pilzen, Kürbis und Lotusvierteln vermischen und zusammen in eine größere, flache Schale füllen.

Servieren:
Auf dem Reis die restlichen vorbereiteten Zutaten hübsch arrangieren.

Lachs-Sushi, gedämpft

Wieder eine andere Form von Sushi, die durch das Verpacken in Spinatblätter wie kleine Wigwams aussehen. Auch hier ist ein wenig Mühe erforderlich.

Zutaten:
2 Tassen Uruchireis (japanischer Rundkornreis)
40 ml Essig
1 EL Zucker
1 TL Salz
2 getrocknete Shiitakepilze
30 g getrocknete Kürbisstreifen
2 Scheiben frischer Lachs
etwa 5 cm eingelegte Lotuswurzel
etwa 16 Spinatblätter
6 Zuckerschoten
2 Eier
2 TL Zucker

Vorbereitung:
Den Reis nach Rezept (Seite 71) zubereiten, mit der Essiglösung mischen und beiseite stellen. Die Shiitakepilze in warmem Wasser etwa 20 Minuten einweichen. Die Kürbisstreifen mit wenig Salz abreiben und etwa vier Minuten in einem Topf mit kochendem Wasser köcheln lassen.
Den Lachs von beiden Seiten je etwa sechs bis acht Minuten grillen und anschließend in kleine Stücke zupfen.
Die Lotuswurzel gut abtropfen lassen und dann in dünne Scheiben und diese in dünne Streifen schneiden.
Die Spinatblätter und die Zuckerschoten in kochendem Wasser kurz blanchieren.
Die Pilze aus dem Wasser nehmen, die Stengel entfernen und die Hüte in kleine Stücke hacken.
Aus den Eiern mit etwas Salz und dem Zucker eine Omelett-Mischung herstellen und diese in wenig Fett zu hauchdünnen Omeletts backen. Die Omeletts mehrmals übereinanderschlagen und in sehr feine Streifen schneiden.
Den Reis in acht Portionen teilen und jeweils mit dem Lachs, den Pilzen, Lotuswurzeln und in feine Streifen geschnittenen Zuckerschoten vermischen.
Jeweils zwei bis drei Spinatblätter zusammenlegen, Omelettstreifen darauflegen und die Reismischung auf die Blätter aufteilen. Nun die Spinatblätter kegelförmig aufrollen, dabei sollen die Stengel nach oben zeigen. Jeweils ein Päckchen mit Kürbisstreifen umwickeln, so daß sie wie kleine Wigwams aussehen.

Zubereitung:
Einen Dampftopf etwa zwei bis drei Zentimeter hoch mit Wasser füllen. Den Siebeinsatz hineinstellen und darauf die Spinatwickel setzen, sie dürfen dabei nicht mit Wasser in Berührung kommen.
Die Päckchen bei starker Hitze etwa 15 Minuten dämpfen.

Servieren:
Die Päckchen auf einer länglichen Schale aufrecht jeweils in Dreier- oder Vierer-Bündeln anrichten. Besonders hübsch ist es, wenn man zur Dekoration aus einem Stück Rettich kleine Kanus schnitzt.

Gemischte Sushi

Zutaten:
500 g Uruchireis (japanischer Rundkornreis)
670 ml Wasser
50 ml Essig
30 g Zucker
1 TL Salz
3 Garnelen
1 Noriblatt
1 TL pulverisierter Wasabi
120 g frischer Lachs
2 EL Lachskaviar
eingelegter Ingwer

Vorbereitung:
Den Reis nach dem Sushireis-Rezept (Seite 71) zubereiten und beiseite stellen. Die Garnelen in der Schale fünf Minuten kochen. Anschließend die Garnelen bis auf den Schwanz aus der Schale lösen. Am Bauch einschneiden und den schwarzen Darmfaden entfernen. Die Garnelen in der Mitte durchschneiden, so daß nur noch die Schwanzenden zusammenhängen.
Das Noriblatt kurz in einer Pfanne ohne Fett von einer Seite anrösten und anschließend in daumendicke Scheiben schneiden. Mit angefeuchteten Händen aus dem Reis kleine, ovale Klöße formen. Der Reis reicht für etwa 16 Sushis.
Den Wasabi mit Wasser zu einer geschmeidigen Paste verrühren.

Zubereitung:
Jeweils vier Sushis verschieden belegen. Zwei Drittel mit Wasabi bestreichen und auf die eine Hälfte die zu einem Kreis auseinandergedrehten Garnelen legen, auf die andere den in Scheiben geschnittenen frischen Lachs. Um das letzte Drittel Klöße die angerösteten Nori-Streifen legen und obenauf Lachskaviar geben.

Servieren:
Die Sushi auf einer großen Platte oder einem großen Teller dekorativ anrichten und den eingelegten Ingwer dazu servieren.

Eltern und Kinder Bowle I

Die Familie, die in diesem Gericht auf dem Reis zusammenfindet, ist der Lachs (Eltern) und der Lachskaviar (Kinder).

Zutaten:
300 g Uruchireis (japanischer Rundkornreis)
430 ml Wasser
4 Shisoblätter
300 g frischer Lachs
250 ml Fischbrühe
60 ml Sake
2 EL Mirin
Salz
2 TL Sojasauce
6 EL Lachskaviar

Vorbereitung:
Den Reis nach Rezept (Seite 70) kochen. Die Shisoblätter vorsichtig waschen und dann fein hacken. Den Lachs ebenfalls waschen.

Zubereitung:
Die Fischbrühe mit dem Sake, Mirin, Salz und Sojasauce in einem Topf zum Kochen bringen. Darin den Lachs kurz pochieren. Dann den Fisch enthäuten, entgräten und anschließend in mundgerechte Stücke teilen. Die Brühe wird bei diesem Rezept nicht weiterverwendet.
Nun den Lachs mit dem noch heißen Reis vermischen und die gehackten Shisoblätter vorsichtig unterheben.

Servieren:
Das Reis-Lachs-Gemisch auf vier Schälchen verteilen. Auf die Mitte des Gerichts jeweils etwas Lachskaviar geben.

Eltern und Kinder Bowle II

In diesem Fall steht das Huhn für die Eltern und das Ei für die Kinder.

Zutaten:
300 g Uruchireis (japanischer Rundkornreis)
430 ml Wasser
250 g Hähnchenfilet
1 Bund Schnittlauch
1 Noriblatt
400 ml Fischbrühe
4 EL Sojasauce
3 EL Zucker
etwas Speisestärke
6 Eier
3 Eigelb
1 TL Salz
2 TL Öl
etwas Konasansho

Vorbereitung:
Den Reis nach Rezept (Seite 70) kochen. Das Hähnchenfilet in einen Zentimeter große Würfel schneiden. Den Schnittlauch waschen und in drei Zentimeter lange Stücke schneiden.
Das Noriblatt in einer Pfanne ohne Fett von einer Seite leicht anrösten und in fadenfeine Streifen teilen.

Zubereitung:
Die Fischbrühe mit der Sojasauce und dem Zucker in einem Topf zum Kochen bringen. Dann die mit etwas Wasser gelöste Stärke zufügen und so lange kochen, bis die Brühe eingedickt ist.
Die Fleischwürfel in der angedickten Brühe nur kurz garen. In der Zwischenzeit die sechs Eier, die drei Eigelbe und das Salz gut verrühren.
In einem Topf das Öl erhitzen und ein Drittel der Eimasse hineingeben, zudecken und bei schwacher Hitze halb stocken lassen.
Dann wieder ein Drittel der Eimasse zugeben, beide Teile gut vermischen und zusammen wieder halb stocken lassen. Zum Schluß den Schnittlauch und das letzte Drittel der Eimasse zugeben, wieder gut vermischen, zudecken, keine Hitze mehr zufügen und das Ganze so nochmal halb stocken lassen.

Servieren:
Den noch heißen Reis auf vier Schalen verteilen, darauf die halb gestockte Eimasse zusammen mit den Hähnchenfiletwürfeln und der Sauce gleiten lassen und auf der Mitte mit Nori garnieren. Nach Belieben jeweils mit etwa Konasansho bestreuen.

Sommernudeln

Ein erfrischendes Gericht. Beim Anblick der in Eiswasser und -würfeln schwimmenden Nudeln wird jedem im heißen Sommer angenehm kühl.

Zutaten:
300 g Somen (Hartweizennudeln)
200 g Hähnchenbrustfilet
Salz
1 Stück Gurke (etwa 5 cm)
1 Stück Porree (etwa 10 cm)
8 Shisoblätter
5 EL Sake
je 50 ml Mirin und Sojasauce
¼ l Fischbrühe
2 EL Katsuobushi
Eiswürfel

Vorbereitung:
Die Nudeln in zwei Litern Wasser kochen, bis sie sehr weich sind. Anschließend in ein Sieb geben und kaltes Wasser darüber laufen lassen.
Das Filet in mundgerechte Stücke schneiden, leicht salzen und 30 Minuten stehen lassen.
Die Gurke schälen, den Porree waschen und putzen. Anschließend beides in fingerlange, sehr dünne Streifen schneiden.
Die Shisoblätter waschen und in zwei Millimeter breite Streifen schneiden.

Zubereitung:
In einen Topf eine Tasse umgedreht auf den Boden setzen, darauf einen Teller stellen und den Topf etwa zwei Zentimeter hoch mit Wasser füllen. Das Hähnchenfilet auf den Teller legen, mit dem Sake beträufeln und etwa 15 Minuten bei geschlossenem Topf dämpfen.
Mirin in einem Kochtopf lauwarm werden lassen, vom Herd nehmen und anzünden. Dabei den Topf so lange vorsichtig hin und her bewegen, bis die Flamme erlischt.
Sojasauce, Fischbrühe und Katsuobushi unterrühren. Bei großer Hitze zum Kochen bringen. Anschließend durch ein feines Sieb passieren.

Servieren:
Die Nudeln in einer Schüssel mit eiskaltem Wasser und Eiswürfeln servieren.
Sobald das Fleisch abgekühlt ist, wird es zusammen mit der Gurke, dem Porree und den Shisoblättern auf vier Schälchen verteilt zu den Nudeln gereicht.
Die auf Zimmertemperatur abgekühlte, feinpassierte Sauce wird als Dip auf vier Schälchen verteilt ebenfalls zu den Nudeln gereicht.

HEISSE NUDELSUPPE MIT ENTE

Für diese Suppe wird nur das besonders zarte und feine Brustfilet verwendet.

Zutaten:
1 Bund Frühlingszwiebeln
250 g Entenbrustfilet
10×10 cm Kombu
20 g Katsuobushi
2 TL helle Sojasauce
2 EL Mirin
200 g hausgemachte Nudeln (Rezept Seite 70)
Shichimitogarashi

Vorbereitung:
Die Frühlingszwiebeln putzen, waschen und schräg in fünf Zentimeter lange Stücke schneiden.
Das Entenbrustfilet in halb Zentimeter breite und fünf Zentimeter lange Streifen schneiden.
Den Kombu in vier Streifen teilen.
Jetzt vier Schüsseln mit heißem Wasser gut vorwärmen.

Zubereitung:
Den Kombu mit Katsuobushi, der Sojasauce und Mirin in einen Topf mit einem dreiviertel Liter Wasser geben. Die Brühe einmal kurz aufkochen lassen und danach sofort durch ein mit einem Küchentuch ausgelegtes Sieb in einen zweiten Topf gießen.
Nun die Brühe nochmals aufkochen lassen und darin das in Streifen geschnittene Entebrustfilet kurz garen.
In einem großen Topf reichlich Wasser zum Kochen bringen und darin die hausgemachten Nudeln kochen. Dabei die Nudeln vorsichtig trennen. Sobald das Wasser einmal aufgekocht ist, eine halbe Tasse kaltes Wasser zugießen. Diesen Vorgang dreimal wiederholen. Wenn die Nudeln gar sind, durch ein Sieb abgießen (etwas von dem heißen Nudelwasser aufbewahren). Die Nudeln so lange mit heißem Wasser spülen, bis das Wasser klar bleibt.

Servieren:
In eine Schüssel die Nudeln mit den Entenbrustfilets geben und zum Schluß die Entenbrühe darübergießen.
Die Frühlingszwiebeln darüber streuen und etwas Shichimitogarashi darüber geben.

KALTE BUCHWEIZENNUDELN MIT TEMPURA

Es kommt darauf an, den Teig so kalt wie möglich zu halten, daher wird die Schale mit dem Tempura-Teig in eine Schüssel mit Eiswürfeln gestellt. Kalte Nudeln mit heißen Tempuras sind ein besonderer Genuß an heißen Sommertagen.

Zutaten:
8 Garnelen
4 Shisoblätter
10×10 cm Kombu
1 junge Frühlingszwiebel
1 EL pulverisierter Wasabi
20×20 cm Noriblatt
3 EL Mirin
5 EL Sojasauce
1 EL Zucker
5 g Katsuobushi
250 g Soba (Buchweizennudeln)
Öl zum Fritieren
1 Eigelb
½ l Eiswasser
250 g Mehl

Vorbereitung:
Die Schale der Garnelen entfernen, dabei aber das Schwanzstück dranlassen. Dann die Bauchseite der Garnelen einschneiden, damit sie sich nicht biegen, dabei vorsichtig die Därme entfernen.
Die Shisoblätter waschen und gut abtropfen lassen. Den Kombu mehrmals einschneiden. Die Frühlingszwiebeln putzen, waschen und in dünne Ringe schneiden. Das Wasabipulver mit einem Teelöffel Wasser gründlich vermischen.
Das Noriblatt kurz von einer Seite in einer Pfanne ohne Fett rösten und danach in einem Küchentuch sehr klein zerdrücken.

Zubereitung:
Für die Sauce das Mirin in einem Topf zum Kochen bringen, gut einen Viertelliter Wasser, Sojasauce, Zucker, Kombu und Katsuobushi zufügen und alles einmal aufkochen lassen. Sobald die Sauce zu kochen beginnt, den Kombu herausnehmen. Bei schwacher Hitze um knapp ein Viertel einkochen lassen und dann durch ein Sieb mit Seihtuch abgießen. Abkühlen lassen und auf vier Schälchen verteilen und im Kühlschrank kalt stellen.
Die Buchweizennudeln in einen großen Topf mit reichlich kochendem Wasser geben. Sobald das Wasser aufkocht, eine halbe Tasse kaltes Wasser hinzufügen. Diesen Vorgang dreimal wiederholen, bis die Nudeln gar sind, aber noch Biß haben. Das Wasser abgießen und die Nudeln mit kaltem Wasser spülen, bis das Wasser klar bleibt. Die Nudeln abtropfen lassen und auf vier Bambusteller verteilen.
Das Öl in einer Friteuse oder in einem Wok auf circa 170 Grad erhitzen. Währenddessen den Teig zubereiten. Dazu das Eigelb gut mit dem Eiswasser vermischen und nach und nach das Mehl unterrühren. Dabei soll der Teig recht dünn und wäßrig bleiben und leicht vom Löffel laufen. Die Schüssel soll die ganze Zeit in Eiswasser stehen. Nun nacheinander die Shisoblätter und die Garnelen erst in den Teig tauchen und dann im heißen Öl fritieren. Das Öl immer wieder von angebrannten Teigresten säubern.

Servieren:
Die ausgebackenen Garnelen und Shisoblätter auf einem mit Reispapier ausgelegten Teller zu den Nudeln servieren. Die Sauce in Schälchen füllen und mit Wasabi und Frühlingszwiebeln würzen. Das zerkleinerte Nori über die Nudeln streuen. Nudeln und Tempura werden nun nacheinander in die Sauce getaucht und verspeist.

FLEISCH

Fleisch – Kein Essen mit Tradition

In der japanischen Küche haben Fleischgerichte keine jahrhundertealte Tradition. Zumindest ist diese Tradition nicht ungebrochen.
Ganz im Gegensatz zu Fischen und Meerestieren, die immer ihren festen Platz in der Küche Japans hatten, fanden Fleischgerichte ihren Weg erst wieder zu Beginn des 19. Jahrhunderts zurück in japanische Küchen.
Lange Zeit vor dem buddhistischen Verbot des Fleischverzehrs war es jedoch auch in Japan, zumindest bei den gut betuchten Japanern üblich, Fleisch zu essen. Allerdings war der Genuß von Pferde- und Rindfleisch verboten, denn die Tiere von denen dieses Fleisch stammt, waren für Transport und Feldarbeit unerläßlich.
Das Verbot, Fleisch zu verzehren, wurde aus einer Not geboren. Eine große Hungersnot, die ganz Japan erfaßte, zwang dazu auf Fleisch zu verzichten und dafür auf andere Nahrungsmittel zurückzugreifen. Die Hungersnot machte vor niemandem Halt.
Zunächst galt das Verbot nur für die buddhistischen Mönche. Doch die Reichen, die häufig in den buddhistischen Klöstern verkehrten und regen Umgang mit den Mönchen hatten, schlossen sich gerne der neuen »Mode« an. Schnell verselbständigte sich das Verbot.
Obwohl das Volk besonders unter der Hungersnot litt, wollte es nicht hinter den Reichen zurückstehen und nahm das Verbot ebenfalls für sich in Anspruch. Der Verzehr von Fleisch galt fortan als Sünde.
Dieses ungeschriebene Gesetz hielt sich bis zum Beginn des 19. Jahrhunderts. Doch plötzlich forderten fortschrittliche Japaner eine Aufhebung des Verbots. Sie waren der neuen Welt gegenüber besonders aufgeschlossen und begierig alles Neue zu erfahren. So wollten sie auch nicht länger auf Rindfleisch verzichten.
Sie hielten das strenge Verbot für längst überholt und wollten sich den neuen Zeiten anpassen.
Die Japaner öffneten ihre Grenzen 1873 für Ausländer, was ausschlaggebend für die Aufhebung des Verbots war. Vom Kaiser wurde ein Erlaß gegeben, daß von nun an das Fleischessen wieder erlaubt sei.
Nachdem die japanischen Grenzen für Fleischgerichte offen waren, wurden sie zunächst in den Restaurants erprobt und langsam von den Haushalten übernommen.

Kobe-Beef

Das Wiederaufleben des Fleischverzehrs führte in Japan zu einem besonderen Kult. Dieser galt ganz besonders dem Rindvieh. Schließlich würde ein Japaner niemals einen dicken, fetten Schweinebraten essen, oder ein bei uns sehr geschätztes Rumpsteak mit einem dicken Fettrand. Fleischgerichte dieser Art halten Japaner auch heute noch für ungenießbar.
Das von ihnen am meisten geschätzte Fleisch ist das Kobe-Beef. Ein besonderes Rindfleisch, das weiß-marmoriert, also gut von Fett durchzogen ist. Da in Japan hauchdünn geschnittene Rindfleischscheiben geschätzt werden – ob für *Sukiyaki, Shabus-habu* oder fein mariniert – muß das Fleisch vor dem Austrocknen geschützt sein.
Nun bietet ein Rind, das tagaus, tagein auf der Weide steht, nicht in jedem Fall wunderbar marmoriertes Fleisch. Im Gegenteil: es bildet sich nur an bestimmten Stellen eine Fettschicht. Aus diesem Grund mußten sich die Japaner eine Alternative zur konventionellen Weidehaltung einfallen lassen. Ob Rind oder Ochse, in Japan verbringt jedes Tier die drei Jahre seines

kurzen Lebens gehegt und umsorgt.
Zwar gibt es im modernen Japan inzwischen die Stallhaltung, aber auch dort wird den Tieren die gleiche Pflege angetragen wie auf der Weide.
Rinder preisgekrönter Zucht, verbringen ihr verwöhntes Leben auf luxuriösen Tierfarmen. Dort ist das Wasser ebenso von bester Qualität, wie das Futter. Darüber hinaus wird das Vieh so liebevoll gepflegt, wie es nur bei Rassepferden üblich ist.
Jeden Tag wird das Rindvieh sorgfältig massiert. Das kann mit Sake, Bier oder Öl sein, am liebsten allerdings mit Gin. Durch diese tägliche Massage verteilt sich das Fett gleichmäßig im ganzen Fleisch. Dabei muß der Masseur sanft und vorsichtig vorgehen, damit das Fleisch hinterher auch wirklich die feine, weiße Marmorierung bekommt.
Neben dem ausgesuchten Futter bekommen die Tiere in den letzten Wochen ihres Lebens auch noch Bier zu trinken. Das scheint sie glücklich zu machen, dient letztendlich aber nur der Mast.
Das beste Fleisch ist das mit der stärksten Marmorierung. Dieses als Raureif – shimofuri – bezeichnete Fleisch hat den höchsten Preis.
Kobe-Beef ist auch in Japan ein besonderer Luxus, aber es ist eben auch von besonderem Geschmack.
Verzweifeln Sie jedoch nicht, wenn Sie Schwierigkeiten haben, das echte Kobe-Beef zu bekommen. Es darf für unsere Ansprüche ruhig einmal deutsches Rindfleisch sein, das aber gut marmoriert sein sollte.

Schwein und Geflügel

Es ist noch nicht einmal sehr lange her, daß die Japaner Schweinefleisch als grundsätzlich nicht eßbar verachteten.
Mittlerweile ist der Verzehr von Schweinefleisch in Japan nicht mehr gar so verpönt. Allerdings essen auch heute noch die Japaner längst nicht alles vom Schwein. So läßt ihnen ein fettes, saftiges Eisbein immer noch einen Schauer den Rücken herunterlaufen. Gegen ein zartes, mageres Schweinefilet haben sie hingegen gar nichts einzuwenden. Und ein Schweinebraten, der doch einmal zu fett erscheint, wird in grünem Tee entschlackt. Schließlich wird grüner Tee auch getrunken, um selbst ein wenig an Fett zu verlieren. Schweinefleisch würde von einer japanischen Hausfrau jedoch niemals für solche Gerichte wie SUKIYAKI (Rezept Seite 104) oder SHABUSHABU (Rezept Seite 101) verwenden. Dafür eignet sich wirklich nur allerfeinstes Kobe-Beef.
Zartes Geflügel, ob Hahn, Hühnchen oder Ente ist in der japanischen Küche sehr beliebt. Geflügel wird gebraten, gedünstet, marmoriert und oft gehackt als Füllung verwendet. Hier darf sogar eine Ente ihr Fett behalten, aber nur, wenn sie mit Fett und Haut knusprig braun gebraten wird.

ROULADEN MIT SCHALOTTEN

Zutaten:
200 g Rindfleisch, am besten eine einenhalb Zentimeter dicke Scheibe Beefsteak
1 Schalotte
40 ml Teriyaki-Sauce (Sojasaucenglasur)

Vorbereitung:
Die Beefsteakscheibe zwischen Klarsichtfolie legen und so lange klopfen, bis sie nur noch halb so dick ist. Die Schalotte schälen und dann vierteln. Die Fleischscheibe in vier gleichgroße Rouladen teilen und jeweils eine Roulade mit einem Schalottenviertel belegen. Dann das Fleisch fest aufrollen und mit einem Holzspießchen feststecken.

Zubereitung:
Einen Grill vorheizen. Die Rouladen mit Eßstäbchen in die Teriyaki-Sauce tauchen und in einem handbreiten Abstand vom Grill goldbraun grillen. Danach die Rouladen nochmals in die Sauce tauchen und auch von der anderen Seite grillen.

Servieren:
Die fertig gegrillten Rouladen in daumendicke Scheiben schneiden, so daß die Schalotten in der Mitte gut zu sehen sind. Die Scheiben nebeneinander auf einer Platte anrichten.

MARINIERTE SCHWEINE-SCHULTER MIT BLÜTEN DER KAPUZINERKRESSE

In Japan wird Schweinefleisch in grünem Tee gegart, damit es an Fett verliert.

Zutaten:
1 Kanne frisch aufgebrühter grüner Tee
800 g Schweineschulter
300 ml Sojasauce
80 ml Sake
250 ml Apfelessig
40 ml Mirin
350 g Blüten der Kapuzinerkresse
Salz
2 EL japanischer Senf

Vorbereitung und Zubereitung:
Den frisch aufgebrühten Tee in einem Topf zum Kochen bringen und das Fleisch darin in etwa 40 Minuten garen. Anschließend das Fleisch unter fließend kaltem Wasser gut abspülen und dann abtrocknen.
In einer flachen Schüssel die Soyasauce mit dem Sake, dem Apfelessig und Mirin verrühren. Das Fleisch in der so entstandenen Marinade zwei Tage zugedeckt ziehen lassen. Zwischendurch ab und zu wenden.
Die Blüten vorsichtig waschen und nur kurz in kochendheißem Salzwasser blanchieren. Anschließend abtropfen und abkühlen lassen.
Das Fleisch aus der Marinade nehmen und in dünne Scheiben schneiden.

Servieren:
Das Fleisch mit den Blüten auf vier Teller anrichten. Den Senf und die Marinade jeweils auf vier Schälchen verteilen und das Fleisch vor dem Verzehr in den Senf oder in die Sauce tunken.

Gegrilltes Rinderfilet mit Sojasaucenglasur

Dieses Gericht »Teriyaki« kann ebenfalls auf einem heißen Stein gegrillt werden. Ein Holzkohlen- oder Elektrogrill bietet sich ebenso an.

Vorbereitung:
Das Senfpulver mit heißem Wasser zu einer dicken Paste verrühren und diese mindestens 15 Minuten ziehen lassen.
Den Elektrogrill, den Stein oder den Holzkohlengrill vorwärmen, bzw. anzünden.
Mirin in einem Topf bei mittlerer Hitze erwärmen. Den Topf vom Herd nehmen und den Mirin anzünden, den Topf solange schwenken, bis die Flamme erlischt.
Dann die Sojasauce und die Hühnerbrühe unterrühren und alles zusammen zum Kochen bringen. Sobald die Sauce aufgekocht ist, den Topf vom Herd nehmen und die Sauce auf Zimmertemperatur abkühlen lassen.
Die abgekühlte Sauce zusammen mit dem Zucker wieder erhitzen, kurz vor dem Siedepunkt die Hitze zurückschalten und die mit einem Eßlöffel kaltem Wasser angerührte Maisstärke unterrühren. Nun so lange rühren, bis eine sirupähnliche, durchsichtige Masse entsteht.
Unter diese Masse den Senf rühren und die Glasur anschließend in einer Schüssel beiseite stellen.
Das Rindfleisch in zwölf Scheiben von einem halben Zentimeter Dicke schneiden.

Zubereitung:
Die Rindfleischscheiben nacheinander in die Glasur tauchen und dann etwa eine Minute auf jeder Seite grillen, bis das Fleisch hellbraun ist. Wer das Fleisch lieber »durch« haben möchte, läßt es eine Minute länger grillen.

Servieren:
Nach dem Grillen das Fleisch in daumendicke Streifen schneiden und diese dann auf vier Portionsteller legen. Auf jede Portion noch etwas Glasur streichen und mit Petersilienbündchen garnieren.

Zutaten:
4 TL Senfpulver
je 1/4 l Mirin, Sojasauce und Hühnerbrühe
15 g Zucker
2 TL Maisstärke
750 g mageres Rinderfilet oder Beefsteak
1/2 Bund Petersilie

FILET AUF HEISSEM STEIN

Sie brauchen sich für dieses Rezept nicht gleich einen »heißen Stein« zu kaufen. Ein großer, glatter Stein, gefunden am Fluß- oder Seeufer, tut es auch. Sie müssen den Stein aber vor dem Gebrauch auf jeden Fall erst einmal gründlich säubern.

Zutaten:
600 g Rinderfilet
100 g gemischte Pilze
4 Abalonen
20 Zuckerschoten
1 Stange Staudensellerie
1 Stange Porree
1/3 weißer Rettich
1/2 Bund Schnittlauch
je 80 ml Sojasauce und Zitronensaft
Oregano
Sesamkörner
Öl

Vorbereitung:
Den Backofen auf höchster Stufe vorheizen.
Das Rinderfilet in nicht zu große Steaks schneiden. Die Pilze putzen, waschen und abtropfen lassen.
Die Abalonen aus ihren Schalen nehmen, putzen, waschen und in fünf Millimeter dicke Scheiben schneiden.
Die Zuckerschoten putzen und waschen.
Die Selleriestange und den Porree ebenfalls putzen, waschen und dann in fünf Zentimeter lange Stücke schneiden.
Den Rettich schälen und fein reiben und den Schnittlauch waschen und anschließend in hauchdünne Ringe schneiden.
Nun den Stein in den Backofen legen.
Die Sojasauce mit dem Limonensaft verrühren. Die Sauce in zwei Hälften teilen und den Rettich und die Schnittlauchröllchen unter die eine Hälfte, Oregano und Sesamkörner unter die andere Hälfte rühren. Jeweils auf vier Schälchen verteilen.

Zubereitung und Servieren:
Alle Zutaten auf einem großen Teller anrichten.
Nun den Stein vorsichtig aus dem Backofen nehmen und auf den Tisch auf eine feuerfeste Unterlage setzen. Den Stein mit wenig Öl einpinseln.
Nach und nach das Fleisch und die anderen Zutaten auf dem heißen Stein anbraten und vor dem Verzehr in die Saucen tunken. Zu diesem Gericht ist eine Fertig-Sauce sehr zu empfehlen. Sie heißt Yakinikunotare und wird in japanischen Geschäften angeboten.

Filet auf heißem Stein

Mariniertes Rindfleisch

Durch das zweitägige Marinieren wird das Fleisch besonders zart und erhält ein wunderbares Aroma.

Zutaten:
60 ml Sake
180 ml Reisessig
1 EL Zucker
90 ml Sojasauce
½ Zitrone
1 Knoblauchzehe
1 Zwiebel
Konasansho
500 g Rinder-Hüftsteak
Öl

Vorbereitung:
Den Sake mit dem Reisessig in einem Topf zum Kochen bringen, dann sofort den Zucker mit der Sojasauce dazugeben, gut verrühren und auflösen lassen.
Die Zitronenhälfte nochmals halbieren und in hauchdünne Scheibchen schneiden.
Den Knoblauch und die Zwiebel schälen, dann den Knoblauch durchpressen und die Zwiebel sehr fein hacken.
Zitrone, Knoblauch, Zwiebel und Konasansho in die Sauce geben und ziehen lassen.
Das Fleisch in nicht zu große Würfel schneiden, salzen und pfeffern und 30 Minuten ruhen lassen.
Anschließend die Fleischwürfel in heißem Öl rundherum sehr schnell braun anbraten. Das Fleisch darf dabei nicht garen, sondern nur die Oberfläche soll schön braun werden.
Nach dem Braten das Fleisch mit einem Küchentuch gründlich abtupfen. Es sollte wirklich trocken sein, damit die Sauce besser einzieht.

Zubereitung:
Die Sauce in eine Schüssel geben und das Fleisch darin einlegen. Dabei muß die Schüssel so groß sein, daß alles Fleisch von der Sauce bedeckt ist.
Die Schüssel mit einem Teller abdecken und an einem kühlen Ort zwei Tage ziehen lassen.

Servieren:
Das Fleisch aus der Sauce nehmen und in sehr dünne Scheiben schneiden.
Auf vier Teller verteilen und die Sauce darübergeben.

Rindfleisch in Brühe

Das in Japan »Shabushabu« genannte Gericht ist eines der bekanntesten Fleischspeisen. Seinen Namen hat das Gericht von dem Geräusch, das entsteht, wenn die Fleischscheiben durch die Brühe gezogen werden. Für japanische Ohren hört sich das wie »shabushabu« an.

Vorbereitung:
Das gefrorene Rindfleisch in hauchdünne Scheiben schneiden und auf einem Teller anrichten, dabei darauf achten, daß die einzelnen Scheiben nicht zusammenkleben.
Die halbe Sellerieknolle schälen und vierteln.
Die Möhren und den Porree waschen, putzen und einmal längs durchschneiden.
Die Zwiebeln schälen und vierteln.
Das Suppenfleisch mit dem vorbereiteten Gemüse in drei Litern Wasser vier Stunden bei niedriger Hitze köcheln lassen. Dabei immer wieder die Trübstoffe abschöpfen.
Nach der Gesamtkochzeit die Brühe durch ein Sieb geben.
Die Harusame 30 Minuten in kaltem Wasser einweichen lassen und anschließend in zehn Zentimeter lange Stücke schneiden.
Die Frühlingszwiebeln waschen, putzen, der Länge nach durchschneiden und dann in fünf Zentimeter lange Stücke schneiden.
Den Chinakohl waschen, putzen und in mundgerechte Stücke schneiden.
Den Tofu gut abtropfen lassen und dann in drei Zentimeter große Würfel teilen.
Für die Sesamsauce die Sesampaste mit der Fischbrühe, acht Eßlöffeln Sojasauce, einer durchgepreßten Koblauchzehe und dem Reisessig gut verrühren.
Für die Ponzusauce die restliche Sojasauce mit dem Limonensaft verrühren.
Den Rettich schälen und reiben, den Schnittlauch waschen und in kleine Röllchen schneiden.

Zubereitung und Servieren:
Das vorbereitete Gemüse auf vier Tellern hübsch anrichten.
Die Saucen auf vier Schälchen verteilen.
Die Sesamsauce mit den Schnittlauchröllchen und Togarashi vermischen.
Die Ponzusauce mit dem Rettich würzen.
Einen Mongolentopf mit der klaren Brühe füllen. In den Kamin des Topfs heiße Holzkohle einfüllen.
Wenn die Brühe kocht, abwechselnd Fleisch und Gemüse mit Stäbchen kurz in die heiße Brühe tauchen, dann in Sauce tunken und verzehren.

Zutaten:
800 g Rindfleisch aus der Lende, gefroren
½ Sellerieknolle
2 Möhren
2 Stangen Porree
3 Zwiebeln
500 g Suppenfleisch mit Knochen
100 g Harusame (Glasnudeln)
4 Frühlingszwiebeln
1 Chinakohl
500 g Tofu
100 g Sesampaste
50 ml Fischbrühe
180 ml Soyasauce
2 TL Reisessig
Saft von einer Limone
Togarashi
1 Stück weißer Rettich
1 Bund Schnittlauch
1 Knoblauchzehe

Folgende Doppelseite: Rindfleisch in Brühe

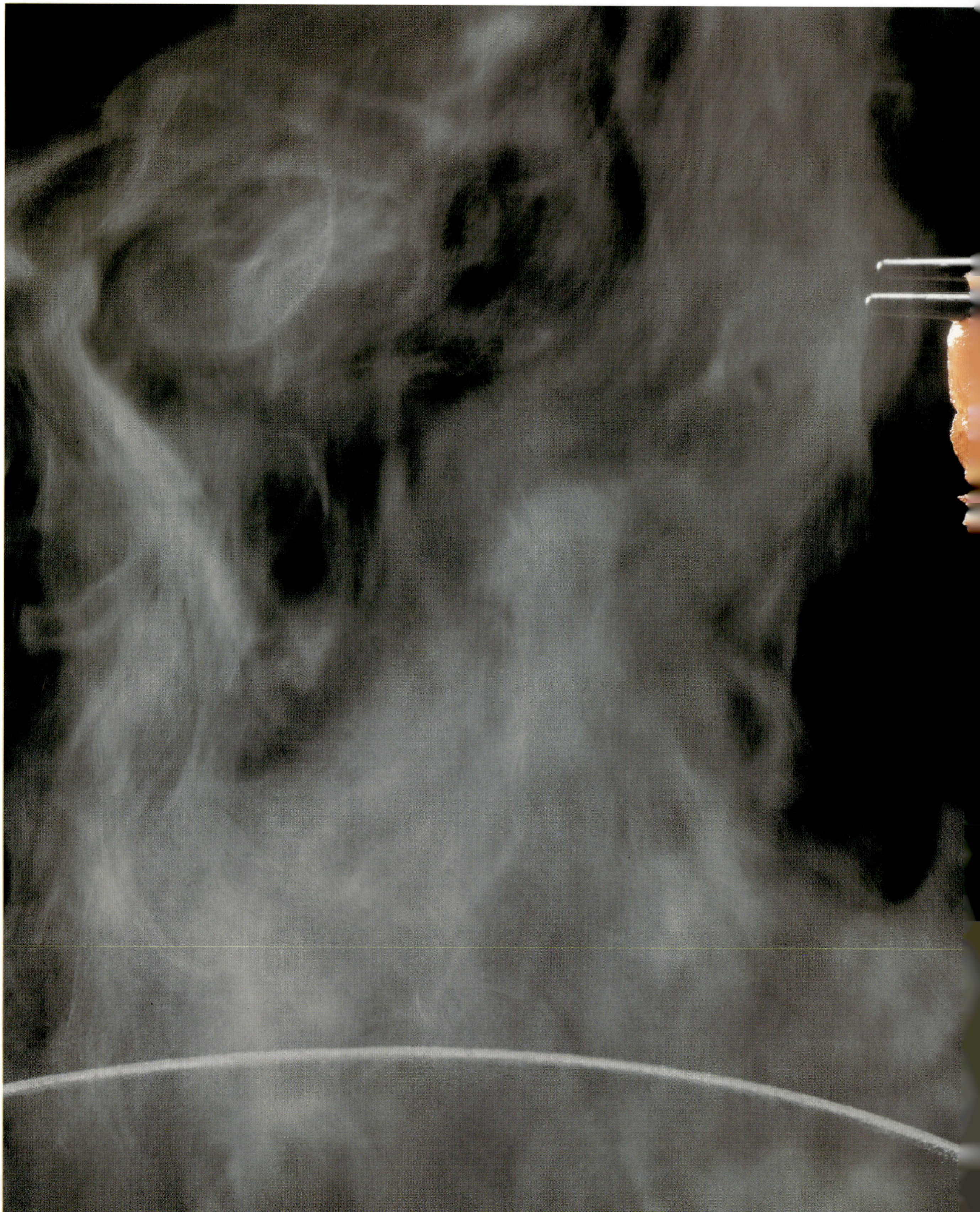

Rindfleischfondue

Rindfleischfondue, auf japanisch »Sukiyaki«, ist neben »Tempura« das bekannteste Gericht aus Japan in westlichen Ländern. Fondue-Fans sollten es als willkommene Abwechslung einmal ausprobieren.

Zutaten:
400 g Rindfleisch aus der Lende, gefroren
100 g Harusame (Glasnudeln)
250 g Tofu
8 Shiitakepilze
8 zarte, junge Frühlingszwiebeln
150 g junge Mangoldblätter
50 ml Sake
50 ml Fischbrühe
50 ml Mirin
100 ml Sojasauce
3 EL Zucker
1 EL Öl

Vorbereitung:
Das gefrorene Rindfleisch in hauchdünne Scheiben schneiden und diese wiederum in schmale, siebeneinhalb Zentimeter lange Streifen schneiden.
Die Harusame etwa fünf Minuten in kochendem Wasser garen.
Den Tofu in zweieinhalb Zentimeter große Würfel schneiden und abtropfen lassen.
Die Shiitakepilze waschen, putzen, die Stiele entfernen und die Hüte über Kreuz einschneiden.
Die Frühlingszwiebeln waschen, putzen und leicht schräg in etwa fünf Zentimeter lange Stücke schneiden.
Bei den Mangoldblättern die harten Stielenden entfernen und die Blätter eventuell halbieren und vierteln.
Den Sake mit dem Mirin, der Sojasauce, Fischbrühe und dem Zucker in einem Topf erhitzen, bis sich der Zucker aufgelöst hat.

Zubereitung und Servieren:
In einem Fonduetopf auf dem Küchenherd das Öl erhitzen und fünf bis sechs Scheiben Rindfleisch darin anbraten.
Wenn das Fleisch halb gar ist, die Hälfte der vorbereiteten Brühe und ein Drittel aller anderen Zutaten in den Topf füllen.
Sobald das Gemüse gar ist, den Fonduetopf zum Eßtisch tragen und das Sukiyaki auf dem Rechaud weiterkochen lassen.
Das Fondue-Essen kann beginnen:
Jeder Gast füllt sich mit Stäbchen eine kleine Portion Fondue aus dem Topf in sein Schälchen.
Das übrige Fleisch und Gemüse wird nach und nach in den Topf gegeben und während des Essens gegart.
Sollte die Brühe zu stark einkochen, kann das Fondue einfach mit Wasser oder Dashi (Rezept Seite 152) aufgefüllt werden.

Hühnerspiesschen

Bällchen aus dreierlei Gehacktem, Hähnchenbrustfilet und Hähnchenleber werden auf den Spießchen kombiniert.

Vorbereitung:
Sojasauce mit Mirin und Zucker in einem Topf zum Kochen bringen. Unter Rühren einkochen lassen, bis die Sauce ein bißchen karamelisiert. In einen Krug füllen und abkühlen lassen.
Das Gehackte vermischen. Zwiebel und Knoblauch schälen und beides durchpressen. Mit dem Gehackten vermischen und kleine Bällchen von zwei Zentimeter Durchmesser formen. Das Hähnchenbrustfilet in zweieinhalb Zentimeter große Würfel schneiden und die Leber halbieren. Die hellen Poreeteile in daumendicke Stücke schneiden.
Die Bambusspieße kurze Zeit in Wasser legen, dann mit Fleischbällchen, Hähnchenfilet, Porree und Leber abwechselnd bestücken.
Die einzelnen Stücke sollten nicht zu dicht aufeinander gesteckt werden, damit sie gleichmäßiger gegrillt werden.

Zubereitung:
In einer Grillpfanne das Öl erhitzen. Jeweils ein Spießchen mit ein wenig Zitronensaft beträufeln und dann in die Sauce tunken. Die Spießchen unter häufigem Wenden grillen, dann wieder in die Sauce tauchen und weitergrillen. Dabei die Spießchen immer wieder wenden und eventuell weiter mit Sauce bestreichen. Nach jedem Grillgang die Pfanne reinigen, da die Sauce schnell karamelisiert.

Servieren:
Die Spießchen auf einer Platte anrichten und mit Zitronensaft beträufeln. Mit Shichimitogarashi bestreuen.

Zutaten:
1/8 l Sojasauce
3 EL Mirin
3 EL Zucker
je 100 g Rinder-, Schweine- und Hühnergehacktes
1 Zwiebel
1 Knoblauchzehe
400 g Hähnchenbrustfilet mit Haut
200 g Hühnerleber
2 Stangen Porree
Öl
2 TL Zitronensaft
Shichimitogarashi

Hähnchenfilet mit Shisoblättern

Vorbereitung:
Das Miso mit einem Eßlöffel Sake, Zucker und einem Eßlöffel Mirin verrühren. Das Filet mindestens zwölf Stunden darin marinieren. Am nächsten Tag das Fleisch aus der Sauce nehmen, gut abtupfen und in sechs gleiche Stücke teilen. Dann jedes Stück in ein Shisoblatt wickeln. Die Sojasauce mit dem restlichen Sake und Mirin verrühren.

Zubereitung:
Den Grill auf der höchsten Stufe vorheizen. Das eingewickelte Hähnchenbrustfilet von allen Seiten so lange grillen, bis es schön braun ist.

Servieren:
Das Fleisch auf Teller verteilen. Zu jedem Gedeck ein Schälchen mit Sauce stellen und das Fleisch vor dem Verzehr darin eintunken.

Zutaten:
180 g dunkler Miso (Akamiso)
3 EL Sake
2 EL Zucker
2 1/2 EL Mirin
200 g Hähnchenbrustfilet
6 Shisoblätter
1 EL Sojasauce

ENTEN-GURKEN-ROLLEN

Zutaten:
1 kleine Schlangengurke
400 g Entenbrust, ohne Fett und ohne Haut
4½ EL Sake
4½ EL Mirin
7 EL Sojasauce
2 EL Reisessig
japanischer Senf
Zitronensaft

Vorbereitung:
Die Gurke schälen, der Länge durchschneiden, die Kerne ausschaben und kurz in kochendheißem Wasser blanchieren. In demselben kochenden Wasser die Entenbrust pochieren, sofort mit kaltem Wasser abschrecken, abtropfen lassen und in Scheiben schneiden.
Den Sake mit Mirin und sechs Eßlöffeln Sojasauce gut verrühren. In der so entstandenen Sauce die Ente etwa zehn Minuten marinieren.
Einen Topf etwa vier Zentimeter hoch mit Wasser füllen, eine Tasse umgedreht auf den Topfboden stellen und darauf die Schale mit dem Entenfleisch setzen. Das Wasser zum Kochen bringen und die Entenbrust 15 bis 20 Minuten über Dampf garen. Dabei das Fleisch zwei bis dreimal wenden.
Anschließend die Entenbrust in einem Sieb abtropfen lassen und das Fett von der Sauce abschöpfen. Das Fleisch wieder in die Sauce geben.

Zubereitung:
Das Entenfleisch aus der Sauce nehmen und wie die Gurke in hauchdünne Scheiben schneiden. Jeweils eine Gurkenscheibe auf eine Fleischscheibe legen und beides zusammen aufrollen.
Den Essig mit der restlichen Sojasauce, etwas Senf und ein paar Tropfen Zitronensaft verrühren.

Servieren:
Die Enten-Gurken-Rollen mit der Entensauce auf vier Schalen verteilen und darüber jeweils etwas von der Essig-Senf-Sauce geben.

HÜHNERLEBER IN INGWERSAUCE

Zutaten:
400 g frische Hühnerleber
1 Stange Porree
1 Stück frischer Ingwer, fadendünn geschnitten
1 getrocknete, rote Pfefferschote, feingehackt
50 ml Sojasauce
1 EL Mirin
2 EL Sake
1 TL Zucker

Vorbereitung:
Die Leber gründlich waschen. Den Porree putzen, waschen und in feine Scheiben schneiden. Beides zusammen in einen Topf mit reichlich Wasser geben, zum Kochen bringen und etwa drei Minuten köcheln lassen. Die Leber herausnehmen und den Ingwer zusammen mit der Pfefferschote, der Sojasauce, dem Mirin, Sake und Zucker in einen Topf geben. Die Leber in die Sauce legen und mit Wasser bedecken.

Zubereitung:
Die Sauce bei mittlerer Hitze so lange einkochen, bis sie dick und sämig ist. Zwischendurch die Trübstoffe abschäumen.

Servieren:
Die Leber aus der Sauce nehmen, in einen halben Zentimeter dicke Scheiben schneiden und zusammen mit der eingedickten Sauce in vier Schälchen servieren.

GEHACKTES HÜHNERFLEISCH AUF SHIITAKEPILZEN

Um Gehacktes aus Hühnerfleisch selber herzustellen dreht man Hähnchenbrustfilet durch die grobe Scheibe eines Fleischwolfs.

Zutaten:
8 frische Shiitakepilze
150 g Broccoli
3 Frühlingszwiebeln
1 Stück frischer Ingwer
1 Eigelb
1 EL Speisestärke
Salz
200 g gehacktes Hühnerfleisch
etwas Mehl
½ l Fischbrühe
1 EL Zucker
1 TL Mirin
1 EL Sake
3 EL Sojasauce
geriebene Limonenschale

Vorbereitung:
Die Pilze und den Broccoli putzen und waschen. Von den Pilzen die Stiele entfernen und die Hüte kreuzweise einschneiden.
Den Broccoli in Röschen teilen und die Stiele in kurze Stücke schneiden, dann in kochendheißem Wasser kurz blanchieren und beiseite stellen.
Die Frühlingszwiebeln putzen, waschen und sehr fein hacken.
Den Ingwer schälen und fein reiben.
Das Eigelb mit der Stärke und dem Salz verquirlen, die Zwiebeln und den Ingwer zufügen und das gehackte Hühnerfleisch unterkneten.
Die Fleischmischung in die mit etwas Mehl bestäubten Pilzhüte füllen.

Zubereitung:
Die Fischbrühe mit dem Zucker, Mirin, dem Sake und der Sojasauce in einem flachen Topf zum Kochen bringen.
Nun die gefüllten Pilze vorsichtig in die Brühe setzen und darin garen.

Servieren:
Den Broccoli auf vier Schälchen verteilen und darauf die gefüllten Shiitakepilze setzen.
Die Sauce darübergießen und mit geriebener Limonenschale dekorieren. Dazu passen auch hübsche Dekorationen aus Limonen und Limonenschale. Zum Beispiel ein kleines Nest, vorsichtig aus Limonenschale geschnitten.

Hähnchenfilet mit Sesamsauce

Zutaten:
400 g Hähnchenbrustfilet
1 Orange
60 g Radiccio
8 Stengel Schnittlauch
90 g weißer Sesamsamen
4 TL Zucker
2½ EL Sojasauce
4 EL Fischbrühe

Vorbereitung:
Das Hähnchenbrustfilet in leicht gesalzenem Wasser etwa 20 Minuten garen. Nach der Garzeit das Fleisch in der Brühe abkühlen lassen.
In der Zwischenzeit die Orange gründlich schälen, so daß die weiße Haut entfernt ist und Filets herauslösen. Es darf keine Haut an den Spalten bleiben.
Den Radiccio putzen, waschen, auseinanderzupfen und dabei die größeren Blätter in zwei bis drei Stücke teilen. Den Schnittlauch ebenfalls waschen und in feine Röllchen schneiden.
Nun das Hähnchenfleisch abtropfen lassen und in dünne Scheiben schneiden.
Den weißen Sesamsamen in einer trockenen Pfanne rösten bis er duftet. Die Hälfte der Sesamsamen im Mörser zerstoßen und anschließend mit der anderen Hälfte, dem Zucker, der Sojasauce und der Fischbrühe verrühren.

Zubereitung:
Das Fleisch mit etwas Sauce übergießen und zehn Minuten ziehen lassen. Auf vier flachen Schalen den Radiccio mit den Orangenspalten anrichten, das Hähnchenfleisch dazugeben und alles mit der Sesamsauce übergießen. Nochmals zehn Minuten ziehen lassen.

Servieren:
Die Teller jeweils mit ein paar Schnittlauchröllchen dekorieren.

Hühnerfleisch mit Rettich und Wein

Zutaten:
400 g Hühnerfleisch ohne Haut und Knochen
200 g Rettich
0,3 l Wasser
1 TL Zucker
2–3 EL Sojasauce
2 EL Mirin
3–4 EL trockener Rotwein

Vorbereitung:
Fleisch abspülen, trockentupfen und in etwa 3 cm große Würfel schneiden.
Rettich schälen und in etwa 2,5 cm große Stücke schneiden.

Zubereitung:
Wasser, Zucker und Sojasauce aufkochen. Fleisch und Rettich hinzufügen und etwa 15 Minuten bei schwacher Hitze köcheln. Mirin zur Brühe gießen und das Fleisch in etwa 5 bis 10 Minuten gar kochen. Den Rotwein dazugeben und weitere 2 Minuten kochen.

Servieren:
In Suppenschalen füllen.

Hähnchenfilet mit Sesamsauce

Hähnchenfleisch mariniert und fritiert

Zutaten:
400 g Hähnchenbrustfilet
3 EL Sojasauce
2 EL Sake
Maisstärke
1 TL Ingwersaft
12 kleine, milde Pfefferschoten
Öl zum Fritieren

Vorbereitung:
Das Hähnchenbrustfilet in etwa dreineinhalb Zentimeter große Würfel schneiden.
Aus der Sojasauce, dem Sake, Maisstärke und dem Ingwersaft die Marinade mischen. Die Fleischwürfel darin einlegen und etwa eine Stunde ziehen lassen, dabei aber häufig wenden.
Die Pfefferschoten waschen, putzen und von den weißen Samen befreien. Dann in Streifen schneiden.
Die Fleischwürfel aus der Marinade nehmen und gut abtropfen lassen.

Zubereitung:
Das Öl auf 175 Grad erhitzen. Zuerst die Pfefferschoten kurz darin fritieren, dann die Fleischwürfel rundherum goldbraun fritieren.

Servieren:
Beides zusammen abtropfen lassen und auf vier Tellern verteilt servieren.

Gemischter Salat mit warmer Fleischsauce

Zutaten:
5 g getrockneter Wakame
4 Wirsingblätter
10 cm Schlangengurke
½ Bund Schnittlauch
100 g Sojabohnensprossen
100 g Bambussprossen aus der Dose
1 Knoblauchzehe
1 Scheibe frischer Ingwer
1 Zwiebel
1½ EL Öl
150 g gehacktes Schweinefleisch
3 EL Sake
100 g dunkles Miso (Akamiso)
Pfeffer
1 EL Sesamöl

Vorbereitung:
Den Wakame 10 Minuten in Wasser einweichen. Dann kurz in kochendes Wasser geben und anschließend abtropfen lassen. Alle Gemüse putzen, waschen und in streichholzstarke Stifte schneiden. Bambussprossen und Wakame ebenfalls in Stifte schneiden, alles gut abtropfen lassen.
Den Knoblauch, Ingwer und die Zwiebel schälen und alles fein hacken, dann zusammen in eine Pfanne mit dem heißen Öl geben und so lange anbraten, bis sich ein aromatischer Duft entfaltet.
Nun das gehackte Schweinefleisch zugeben und goldbraun braten. Den Sake mit einer Tasse Wasser und dem Miso hinzufügen, alles gut vermischen und dann so lange kochen, bis die Flüssigkeit verkocht ist. Das Ganze gut pfeffern und mit Sesamöl abschmecken.

Zubereitung und Servieren:
Den Salat auf vier Schälchen aufteilen und die warme Fleischsauce darüber verteilen.

AUBERGINEN MIT HACKFLEISCH GEFÜLLT UND FRITIERT

Vorsicht: Obwohl die Auberginen ein mildes Gemüse sind, erhält das Gericht doch eine besondere Schärfe durch den Rettich und die Peperoni.

Zutaten:
je 100 g Rinder- und Schweinegehacktes
1 Eigelb
1 EL Maisstärke
60 ml Sojasauce
1 TL Ingwersaft
1 Aubergine
Salz
Mehl
240 ml Fischbrühe
60 ml Mirin
1/4 Noriblatt
100 g eingeweichte Glasnudeln
12 Peperoni
Öl zum Fritieren
6 EL geriebener weißer Rettich
4 EL gehackte Frühlingszwiebeln
2 EL geriebener Ingwer

Vorbereitung:
Das Fleisch mit dem Eigelb, der Maisstärke, Sojasauce (einen Eßlöffel zurückbehalten) und Ingwersaft gut vermischen und kneten.
Die Aubergine waschen, der Länge nach halbieren und in drei Millimeter dünne Scheiben schneiden. Mit Salz bestreuen, kurz ziehen lassen und dann mit einem Küchentuch trockentupfen. Anschließend in Mehl wenden.
Einen Teil der Fleischfüllung auf einer Auberginenscheibe verteilen, eine zweite darauflegen und feststecken. Auf diese Art die Aubergine und die Fleischmischung aufbrauchen.
Die Fischbrühe mit der restlichen Sojasauce und Mirin in einem Topf aufkochen. Die Glasnudeln mit einer Schere in 5 cm lange Stücke schneiden.
Das Noriblatt in acht gleiche Streifen schneiden und damit jeweils ein Päckchen Glasnudeln fest bündeln.
Nun die Peperoni waschen und putzen.

Zubereitung:
Das Öl auf circa 170 Grad erhitzen und darin die gefüllten Auberginen, die Peperoni und die Glasnudelpäckchen fritieren.

Servieren:
Das Ausgebackene auf vier Teller anrichten.
Auf jeden Teller jeweils ein Häufchen Rettich, Frühlingszwiebeln und Ingwer geben.
Die Sauce auf vier Schälchen verteilen.
Zum Essen tunkt man Auberginenscheiben, Peperoni und Glasnudeln in die Sauce und ergänzt diese nach Geschmack mit Rettich, Ingwer und Frühlingszwiebeln.

Hühnerbällchen mit Kapuziner-Kresse-Blüten

Wie so viele japanische Gerichte erfreut auch dieses Auge und Gaumen, denn Farben und Geschmack harmonieren besonders gut.

Zutaten:
400 g Tofu
400 g gehacktes Hühnerfleisch
15 Zuckerschoten
8 Shiitakepilze
1 kleine Möhre
8 Shisoblätter
1 Ei
Salz
je 3 EL Mirin und Sojasauce
3 TL Zucker
Öl zum Fritieren
200 g Blüten Kapuzinerkresse
1 Stange Porree
600 ml Fischbrühe
2 TL gemahlener Ingwer

Vorbereitung:
Den Tofu in ein Küchentuch geben, mit einem Gewicht beschweren und etwa 2 Stunden auspressen, damit er trockener und fester wird. Anschließend zusammen mit dem Hühnerfleisch fein pürieren.
Die Zuckerschoten, die Pilze, die Möhre und die Shisoblätter waschen, fein hacken und unter die Tofu-Fleisch-Mischung geben.
Das Ei mit Salz, drei Eßlöffeln Mirin, einem Eßlöffel Sojasauce und zwei Teelöffeln Zucker verquirlen. Dann ebenfalls unter die Mischung geben und alles gut miteinander vermischen.
Das Öl in einer Friteuse auf 160 Grad erhitzen. Inzwischen aus der Mischung Bällchen von etwa drei Zentimetern Durchmesser formen und diese in dem heißen Öl rundherum goldbraun fritieren.
Die fritierten Bällchen auf Küchenkrepp gut abtropfen lassen.
Die Kresseblüten kurz in kochendheißem Wasser blanchieren und anschließend abtropfen lassen.
Den Porree waschen, putzen und in sehr feine Streifen schneiden.

Zubereitung:
In einem großen Topf die Fischbrühe mit den Bällchen zugedeckt zum Kochen bringen. Sobald die Brühe kocht, die Hitze reduzieren und fünf Minuten weitergaren.
Nun das restliche Mirin und den Rest Zucker unterrühren und das Ganze erneut fünf Minuten ziehen lassen. Dann die übriggebliebene Sojasauce unterrühren und weitere fünf Minuten sieden. Den Topf vom Herd nehmen und die Brühe mit den Bällchen abkühlen lassen.

Servieren:
Die Bällchen mit einer Schaumkelle aus dem Topf nehmen und in vier Schalen füllen, dabei etwas von dem Sud darübergießen und das Ganze mit etwas Porree und den Kapuziner-Kresse-Blüten garnieren.
Zum Schluß ein wenig gemahlenen Ingwer darüberstäuben.

Gegrilltes Hähnchenfilet

Vorbereitung:
Die Hähnchenfilets in der Mitte durchschneiden, so daß vier gleiche Stücke entstehen. Die Limone in hauchdünne Scheiben schneiden. Die Kresse putzen und waschen. In einer flachen Form die Sojasauce mit Mirin und Sake mischen und vier Limonenscheiben dazugeben.
In die so entstandene Marinade das Filet für 30 Minuten einlegen.

Zubereitung:
Den Elektrogrill vorheizen. Nach der Einlegezeit das Fleisch aus der Marinade nehmen und schön goldbraun grillen. Mit der Marinade bestreichen und noch einmal grillen, bis das Fleisch tief goldbraun ist. Anschließend das Fleisch in mundgerechte Stücke schneiden.

Servieren:
Die Hähnchenbrustfilets mit der Kresse auf vier Teller anrichten und mit Limonenscheiben garnieren.

Zutaten:
2 Hähnchenbrustfilets à 200 g
1 unbehandelte Limone
1 Kästchen Kresse
6 EL Sojasauce
6 EL Mirin
3 EL Sake

Huhn auf Gemüse

Vorbereitung:
Die Pilze 20 Minuten in lauwarmen Wasser einweichen, danach die Stiele entfernen und das Einweichwasser auf gut einen halben Liter Flüssigkeit auffüllen.
Die Möhren und die Schwarzwurzeln schälen, den Porree waschen und putzen und die Lotuswurzeln abtropfen lassen. Die Möhren, Schwarzwurzeln und den Porree in etwa zwei Zentimeter große Stücke schneiden, dabei ein paar Porreeschnitzer zurückbehalten, und die Lotuswurzel in dünne Scheiben schneiden. Über alles den essig träufeln.
Nun das Hühnerfleisch in etwa zweieinhalb Zentimeter große Würfel schneiden und salzen.

Zubereitung:
Einen Eßlöffel Öl in einer Pfanne erhitzen und die Hühnerfleischwürfel darin anbraten, bis sie goldbraun geworden sind. Dann das restliche Öl dazugeben und alles Gemüse etwa eine Minute darin anbraten. Jetzt die Einweichflüssigkeit und den Zucker hinzufügen und fünf Minuten bei mittlerer Hitze zugedeckt garen. Den Deckel entfernen, die Sojasauce und Mirin hineingießen und alles zusammen weitere 20 Minuten garen, bis die Flüssigkeit um etwa die Hälfte eingekocht ist.

Servieren:
Alles in einer großen Schüssel anrichten und ein paar zurückbehaltene Porreeschnitzer darüberstreuen.

Zutaten:
4 getrocknete Shiitakepilze
100 g Möhren
100 g Schwarzwurzeln
100 g Porree
100 g Lotuswurzeln aus der Dose
1 EL Essig
300 g Hühnerfleisch ohne Knochen
Salz
2 EL Öl
1 EL Zucker
4 EL Sojasauce
2 EL Mirin

TOFU

TOFU – KEIN ERSATZ, SONDERN WICHTIGER BESTANDTEIL DER ERNÄHRUNG

Zu dem (buddhistischen) Verbot des Fleischverzehrs kam es nicht allein aus religiösen Gründen. Vielmehr war dem eine große Hungersnot im gesamten asiastischen Raum vorausgegangen. Buddhistische Mönche machten aus der Not eine Tugend.
Die Besinnung auf Sojabohnen und deren Produkte rettete die Bevölkerung vor dem Hungertod. Als wichtiger Eiweißlieferant sind Sojaprodukte seither die Stützpfeiler der Ernährung nicht nur in Japan, sondern im gesamten asiatischen Raum.
Im Gegensatz zu den meisten tierischen Nahrungsmitteln enthalten Sojaprodukte einen hohen Anteil an mehrfach ungesättigten Fettsäuren, kein Cholesterin und keine Purine. Das Verhältnis von Energie (Kalorien) zu Protein (Eiweiß) ist extrem niedrig.
Doch nicht nur der gesundheitliche Wert, sondern auch Bekömmlichkeit und Wohlgeschmack sind bei diesen Produkten gefragt. Drei Produkte, das Ergebnis jahrhundertelangen Bemühens, werden heute in der japanischen Küche verwendet:
Miso – fermentierte Sojabohnen-Paste, *Shoyu* – Sojasauce und *Tofu* – Sojabohnenquark. Miso und Sojasauce geben den meisten Gerichten erst Geschmack und sind als eiweißreiche Würzmittel bekannt.
Tofu gehört in Japan noch heute zur täglichen Nahrung und nimmt dort eine ähnliche Stellung ein, wie zum Beispiel bei uns das Brot.
Eine durchschnittliche Portion Tofu von etwa 230 Gramm enthält nur 147 Kalorien. Diese Menge Tofu versorgt den Körper eines Erwachsenen mit 27 Prozent seines täglichen Eiweißbedarfs, dabei kommt er aber nur auf fünf Gramm Kohlenhydrate.
Früher stellten die meisten Familien in Japan ihren eigenen Tofu her, heute besorgt man ihn sich meistens in einer der zahlreichen Tofureien. Das ändert jedoch nichts daran, daß sich selbstgemachter Tofu nach wie vor großer Beliebtheit erfreut. Tofu selber herzustellen ist sehr zeitintensiv, weshalb bevorzugt auf industriell hergestellten ausgewichen wird.
Es lohnt sich trotzdem, es einmal selbst zu versuchen, zumal es gar nicht so schwierig ist. Dazu benötigen Sie:
250 Gramm ganze, getrocknete Sojabohnen und jede Menge Wasser. Dazu zwei Teelöffel Magnesiumsulfat, damit der Tofu mild und weich wird.
An Geräten brauchen Sie jeweils ein(en): Kochtopf (6 bis 8 Liter) mit Deckel, Wasserkessel, tiefen Topf zum Pressen, großes, rundes Sieb, welches in die Öffnung des Preßtopfes passen muß, Baumwollwindel, Preßkasten, Deckel, der in den Preßkasten paßt, Pürierstab, Kartoffelstampfer, Holzlöffel, Meßbecher, Haarsieb, flache Schöpfkelle, Gewicht von einem Kilogramm.
Zuerst müssen die Bohnen zwölf Stunden in sechs Tassen Wasser einweichen. Danach gut spülen und dann abtropfen lassen.
Im Kochtopf siebeneinhalb Tassen Wasser zum Kochen bringen. Den Preßtopf mit dem Sieb darauf in die Spüle stellen. Den Sack anfeuchten und so in das Sieb legen, daß die Enden über den Rand hängen. Mit der angefeuchteten Windel den Preßkasten auskleiden. Den Kasten ebenfalls in die Spüle stellen.
Die abgetropften Bohnen mit vier Tassen Wasser pürieren. Das Püree in den Topf mit dem kochenden Wasser geben. Kurz umrühren und in den Sack schütten.
Kaltes Wasser wiederum im Topf zum Kochen bringen. Den Sack fest zusammen-

drehen und mit dem Kartoffelstampfer so fest wie möglich gegen das Sieb drücken, damit so viel Flüssigkeit wie möglich herauskommt. Dann drei Tassen kochendes Wasser in den Sack gießen und nochmals kräftig ausdrücken.
Die gewonnene Sojamilch nun in einem Topf bei großer Hitze zum Kochen bringen und dabei mehrmals gründlich umrühren. Bei mittlerer Hitze sieben Minuten weiterkochen lassen.
In der Zwischenzeit das Magnesiumsulfat in einer knappen Tasse kochendem Wasser auflösen. Die Sojamilch mit einem Holzlöffel ein paarmal kräftig in beide Richtungen rühren und dabei ein Drittel der Lösung zufügen. Weiter umrühren, dann den Löffel senkrecht in der Mitte halten, bis die Milch zum Stillstand kommt. Darüber wieder ein Drittel der Lösung geben. Den Topf zugedeckt etwa drei Minuten ruhig stehen lassen. Nur wenn die Milch noch nicht geronnen ist, den Rest der Lösung zugeben. Dann den Topf in die Spüle stellen und das Haarsieb so in das Quark-Molke-Gemisch drücken, daß sich nur Molke im Sieb sammelt. Die Molke mit der Schöpfkelle abschöpfen und in den Preßkasten schütten. Den Vorgang so lange wiederholen, bis sich im Sieb keine Molke mehr sammelt.
Nun den Quark und die verbliebene Molke ganz vorsichtig in den Preßkasten heben. Die Ränder des Tuchs vorsichtig zusammenfalten, den Preßdeckel aufsetzen und das einen Kilogramm schwere Gewicht aufsetzen. Den Tofu nun 15 Minuten lang pressen. Soll der Tofu besonders fest werden, so muß das Gewicht schwerer sein und die Zeit muß um fünf Minuten verlängert werden.
Danach das Gewicht und den Deckel entfernen und den Tofu im Preßkasten kopfüber in eine große Schüssel mit kaltem Wasser gleiten lassen. Das Tuch nun vorsichtig entfernen und den Tofu etwa fünf Minuten ruhen lassen. Den so fest gewordenen Tofu in mehrere kleine Kuchen teilen und abtropfen lassen.
Probieren Sie's ruhig mal aus!
Verschiedene Tofusorten werden inzwischen in Reformhäusern, Naturkostläden und mittlerweile in den meisten Kaufhäusern angeboten.

Kinugoshi: Feiner Seidentofu. Cremig und mild. Besonders gut geeignet zum Pürieren und für Süßspeisen.

Momen: Fester Tofu, der in fast alle Gerichte paßt. Erreicht eine noch festere Konsistenz, wenn er in Küchentüchern ausgepreßt wird. Schmeckt besonders gut, wenn er vor dem Gebrauch mariniert wird.

Aburaage: Dünne, fritierte Tofuscheibe. Die Leichtgewichte unter den Tofusorten. Werden zum Beispiel für Glücksbeutel verwendet, da sie sich wunderbar füllen lassen.

Atsuage: Dicke, fritierte Tofuscheibe. Schmeckt einfach so auch gut auf Brot.

Ganmodoki: Tofubällchen, mit Kräutern gegart. Können zwar ohne weitere Vor- oder Zubereitung gegessen werden, schmecken am besten aber fritiert.

Außerdem gibt es fertig gegrillten und geräucherten Tofu, Tofu mit den unterschiedlichsten Kräutern zubereitet oder Tofu-Frikadellen. Da diese Sorten in japanischen Haushalten nicht so gebräuchlich sind, haben wir sie in unseren Rezepten nicht verwendet, sondern uns auf die einfacheren Tofusorten beschränkt.

CHRYSANTHEMENTOFU IN KLARER SUPPE

Zutaten:
300 g Tofu
1/2 Bund Klee
1 Umeboshi
3/4 l Fischbrühe
1 TL Salz
1 TL Sojasauce

Vorbereitung:
Den Tofu vierteln und jedes Viertel auf der Oberseite einen Zentimeter tief schachbrettartig einschneiden.
Den Klee putzen, waschen und kurz in kochendheißem Wasser blanchieren. Anschließend abtropfen lassen und dann in drei Zentimeter lange Stücke schneiden und diese hübsch verknoten.
Umeboshi entkernen und mit einer Gabel zerdrücken.

Zubereitung und Servieren:
Die Fischbrühe mit Salz und der Sojasauce zum Kochen bringen.
Die Tofustücke auf vier Holzschälchen verteilen und jeweils in die Mitte obenauf ein wenig Umeboshi geben. Den geknoteten Klee hübsch drumherum dekorieren. Zum Schluß ganz langsam und vorsichtig die Suppe eingießen, damit das Chrysanthemenbild nicht zerstört wird.

TOFU MIT SPINAT UND WALNUSSAUCE

Die Tofuscheiben werden gebraten und mit zwei Saucen serviert.

Zutaten:
600 g Tofu in zwei Blöcken
120 g Spinat
160 g helles Miso
Konasansho
40 g Walnußkerne
1 EL Zucker
2 TL Mirin
2 TL Sake
2 EL Fischbrühe
1 Eigelb
Öl

Vorbereitung:
Den Tofu in 16 gleichgroße Scheiben teilen und mit einem Küchentuch trockentupfen.
Den Spinat putzen, waschen und kurz in kochendheißem Wasser blanchieren. Dann den Spinat gut ausdrücken und zusammen mit 60 Gramm Miso im Mixer pürieren und mit wenig Konasansho würzen.
Die Walnußkerne fein hacken, einen Teil davon beiseite stellen, den Rest im Mörser zu einer Paste zerstoßen.
Den Rest des Miso zusammen mit dem Zucker, Mirin, Sake und der Fischbrühe zum Kochen bringen. Den Topf vom Herd nehmen. Die Walnußpaste mit dem Eigelb verrühren und gründlich unter die Sauce mischen.

Zubereitung:
Die Tofuscheiben unter dem Grill von beiden Seiten bräunen. Die Spinat- oder Walnußsauce daraufstreichen und mit einer Gabel Linien ziehen. Nochmals unter den Grill schieben und solange grillen bis die Sauce eine feine Kruste bekommt.

Servieren:
Kleine Bambusspieße wie Eisstiele in den Tofu stecken und auf Tellern servieren. Dabei die Tofustücke mit Walnußsauce noch mit gehackten Walnüssen garnieren.

Fritierter Tofu mit Bernsteinsauce

Außen goldbraun, innen warm aber noch von zarter Konsistenz – so sollte Tofu nach dem Fritieren sein.

Zutaten:
300 g Tofu
Mehl
Öl
300 ml Fischbrühe
5 EL Sojasauce
5 EL Mirin
4 EL Katsuobushi
3 EL Maisstärke
1 Stück Ingwer
1 Frühlingszwiebel

Vorbereitung:
Den Tofu in ein Seihtuch einwickeln und etwa zwei Stunden beiseite stellen, damit er ein wenig von seiner Feuchtigkeit verliert.
Lassen Sie ihn nicht länger liegen, er könnte zu sehr austrocknen und verliert dann nicht nur seine zarte Konsistenz, sondern auch Aroma.

Zubereitung:
Den Tofu vierteln, mit dem Mehl bestäuben und im 170 Grad heißen Fett goldbraun ausbacken.
In der Zwischenzeit die Fischbrühe in einem Topf zum Kochen bringen. Nach und nach die Sojasauce und das Mirin unter Rühren dazugeben und ebenfalls zum Kochen bringen. Sobald die Brühe einmal aufkocht, 2 EL Katsuobushi einstreuen und den Topf sofort vom Herd nehmen.
Die Brühe einmal durchseihen und nochmals aufkochen. Sofort mit der in Wasser aufgelösten Maisstärke andicken.
Den Ingwer schälen und fein raspeln, die Frühlingszwiebel in hauchdünne Ringe schneiden.

Servieren:
Die abgetropften Tofustücke auf vier Schalen verteilen und die Bernsteinsauce darübergießen. Zum Schluß das restliche Katsuobushi darüberstreuen.
Ingwer und Frühlingszwiebel in gesonderten Schälchen dazu servieren. Jeweils ein Tofustückchen mit Sauce und etwas Ingwer und Frühlingszwiebeln darauf essen.

Tofu mit Gewürzen

Zutaten:
2 Frühlingszwiebeln
1 Stück Ingwer
2–3 Shisoblätter
1 TL Katsuobushi
300 g Tofu
Sojasauce

Vorbereitung:
Frühlingszwiebeln waschen, putzen und in dünne Ringe schneiden. Die Ingwerwurzel schälen und reiben. Shisoblätter in feine Streifen schneiden.

Servieren:
Den Tofu in 4 Scheiben schneiden. Je zwei Scheiben in eine Schale füllen und Frühlingszwiebeln, Shisoblätter und Katsuobushi darauf verteilen. Ingwer darüberstreuen. Den Tofu mit Sojasauce würzen.

Tofu mit Zuckerschoten

Für Japaner steht die Harmonie der Zutaten und Farben im Vordergrund jedes Arrangements.

Zutaten:
600 g Tofu
12 Zuckerschoten
1 Limone
½ l Fischbrühe
20 × 20 cm Kombu
4 EL Mirin
3 EL Sake
⅓ TL Salz
3 EL helle Sojasauce
1 EL Schnittlauchröllchen

Vorbereitung:
Die Tofublöcke abwaschen und in Seihtücher gewickelt über Nacht einfrieren. Am nächsten Tag die Zuckerschoten putzen und waschen. Von der Limone hauchdünn die Schale abschneiden und diese dann in nagelfeine Streifen schneiden. Die geschälte Limone in hauchdünne Scheibchen schneiden.

Zubereitung:
In einem großen Topf Kombu und Fischbrühe zum Kochen bringen. Den tiefgefrorenen Tofu aus dem Tuch nehmen und in die Brühe legen. Fünf Minuten kochen lassen, dann den Mirin, den Sake, Salz und die Sojasauce dazugeben. Alles bei schwacher Hitze zehn Minuten kochen.
Eine Tasse Brühe abnehmen und darin die Zuckerschoten blanchieren. Nach dem Blanchieren die Zuckerschoten sofort in Eiswasser geben, damit sie ihre schöne grüne Farbe behalten.

Servieren:
Die Tofublöcke jeweils in 8 Würfel teilen und auf vier Schälchen verteilt zusammen mit den Zuckerschoten servieren. Die Limonenstiftchen darüberstreuen und die Limonenscheiben dazu servieren.
Man kann auch ein paar getrocknete Kürbisstreifen mit Wasser und Lebensmittelfarbe einfärben. Die Tofuwürfel noch einmal waagerecht halbieren und dazwischen jeweils eine Zuckerschote legen. Die »Päckchen« mit den gefärbten Kürbisstreifen »verschnüren«.

Tofu mit Zuckerschoten

Fritierter Tofu mit Fleischfüllung

Zutaten:
2 getrocknete Shiitakepilze
4 Stück fritierter Tofu (Atsuage) (400 g)
100 g gehacktes Rindfleisch
1 Eigelb
20 g Ingwerpulver
4 EL Zucker
1 TL Sake
1 Prise Salz
5 EL Sojasauce
½ l Fischbrühe
2 EL Mirin
4 Zahnstocher

Vorbereitung:
Die Shiitakepilze waschen und putzen, dann in ausreichend Wasser 20 Wasser einweichen lassen. Wenn die Pilze eingeweicht sind, das Wasser abgießen und die Pilze fein hacken.
Den fritierten Tofu in ein Sieb legen und heißes Wasser darübergießen. Das Rindergehackte zusammen mit den Pilzen, dem Eigelb, dem Ingwer, etwas Zucker, Sake und Salz und einem halben Teelöffel Sojasauce gut verkneten. In die Tofustücke jeweils eine Tasche schneiden und diese mit der Fleischmischung füllen und die Öffnung mit Zahnstocher verschließen.

Zubereitung:
Den halben Liter Fischbrühe in einem Topf mit dem restlichen Zucker, zwei Eßlöffeln Mirin und der restlichen Sojasauce zum Kochen bringen. Sobald die Brühe kocht, die gefüllten Tofutaschen hineinlegen und alles zugedeckt bei mittlerer Hitze etwa 20 Minuten ziehen lassen.

Servieren:
Die gefüllten Tofutaschen quer durchschneiden und mit der Sauce auf vier Schälchen verteilen.

Tofu mit Auberginen und Paprika

Zutaten:
300 g Tofu
Öl
2 Auberginen
2 Paprikaschoten
2 EL Sesamöl
4 EL dunkles Miso
4 EL Zucker
Sanshopulver

Vor- und Zubereitung:
Den Tofu zwischen einem Küchentuch leicht pressen und anschließend gut abtrocknen. Dann den Tofu in mundgerechte Stücke teilen und im heißen Öl rundherum goldbraun anbraten.
Die Auberginen und die Paprikaschoten waschen, putzen, ebenfalls in mundgerechte Stücke schneiden und dann in zwei Eßlöffeln Sesamöl bei starker Hitze anbraten.
Jetzt das Miso, den Zucker und einen Eßlöffel Wasser zugeben und das Gemüse bei starker Hitze kurz braten, damit es knackig bleibt.

Servieren:
Das Gemüse abkühlen lassen und mit dem Tofu auf vier Schälchen verteilen. Je nach Geschmack etwas Sansho darüberstreuen.

Heisser tofu

Um den besten Geschmack zu erreichen, sollte das Gericht bei Tisch zubereitet werden. Am wohlschmeckensten ist heißer Tofu, wenn die Würfel innen von der Brühe gerade durchwärmt sind.

Zutaten:
2 Frühlingszwiebeln
1 Noriblatt
2 EL Sesamsamen
1 Stück frischer Ingwer
240 ml Fischbrühe
120 ml Sojasauce
2 EL Sake
2 EL Mirin
1 EL Katsuobushi
5 × 5 cm Kombu
600 g Tofu

Vorbereitung:
Die Frühlingszwiebeln putzen, waschen, gründlich trocknen und dann in feine Ringe schneiden.
Das Noriblatt von einer Seite ohne Fett in einer Pfanne rösten und danach zerkrümeln.
Die Sesamsamen ebenfalls rösten und dann grob zerstoßen.
Den Ingwer schälen und fein raspeln.
In einem Topf die Fischbrühe mit der Sojasauce, dem Sake und dem Mirin bei starker Hitze zum Kochen bringen.
Sobald die Brühe aufkocht, Katsuobushi unterrühren und den Topf vom Herd nehmen. Die Sauce sofort durchseihen.

Zubereitung:
Einen Topf zur Hälfte mit Wasser füllen und den Kombu einlegen und zusammen bei mittlerer Hitze erwärmen.
In der Zwischenzeit den Tofu in etwa drei mal drei Zentimeter große Würfel teilen und diese dann in die heiße, nicht kochende Brühe geben.

Servieren:
Die nochmals erwärmte Sauce in Schälchen servieren.
Ebenso, in getrennten Schälchen die Frühlingszwiebelringe, das zerkrümelte Noriblatt, die Sesamsamen und den Ingwer servieren.
Nun die Tofuwürfel nach und nach aus der heißen Brühe fischen und auf einen Teller geben. Dazu nimmt sich jeder von der Sauce und würzt diese nach Belieben mit den anderen Zutaten.

Folgende Doppelseite:
Heißer Tofu

FRITIERTER TOFU MIT SEETANG

Fritierten Tofu gibt es in drei Varianten: Aburaage (dünne Tofuscheiben), Atsuage (dicke Tofuscheiben) und Gaumodoki (Tofubällchen)

Zutaten:
40 g getrockneter Hijiki (Seetang)
3 Scheiben fritierter Tofu (Aburaage)
3 EL Sesamöl
2 Tassen Fischbrühe
6 EL Zucker
4 EL Sojasauce

Vorbereitung:
Zuerst den Hijiki in einer großen Schüssel mit reichlich Wasser gründlich waschen, dann den Hijiki mit einer Schöpfkelle herausnehmen. So setzen sich Schmutz und Sand am Boden ab.
Nun den Hijiki 30 Minuten in reichlich Wasser einweichen, dabei erreicht er in etwa sein achtfaches Volumen.
In einem großen Topf ausreichend frisches Wasser zum Kochen bringen, den Hijiki hineingeben und nur kurz, ein bis zwei Minuten kochen, über ein Sieb abschütten und abtropfen lassen.
Den fritierten Tofu kurz mit heißem Wasser übergießen und anschließend gut abtropfen lassen. Danach den Tofu in dünne Scheiben schneiden.

Zubereitung:
Nun in einem größeren Topf in heißem Öl den Hijiki unter ständigem Rühren in zwei Minuten rundherum anbraten. Nach etwa einer Minute die Tofuscheiben hinzufügen und ebenfalls rundherum anbraten.
Jetzt die Fischbrühe mit dem Zucker unterrühren und alles zugedeckt bei mittlerer Hitze vier bis fünf Minuten kochen lassen. Dann den Deckel entfernen, die Sojasauce dazugeben und die Sauce um ein Drittel einkochen lassen.
Dabei immer mal wieder umrühren.

Servieren:
Auf vier Schälchen verteilen. Eventuell das Gericht auf großen, getrockneten Blättern servieren.

TOFUWÜRFEL IM MANTEL

Zutaten:
600 g Tofu
2 EL Sojasauce
2 TL Mirin
2 TL Sake
200 g Zuckerschoten
1 Noriblatt
2 EL Sesamsamen
2 Eigelb
Öl

Vorbereitung:
Den Tofu in drei Zentimeter große Würfel teilen. Aus der Sojasauce, dem Mirin und dem Sake eine Sauce rühren und die Tofuwürfel darin etwa zehn Minuten marinieren.
Die Zuckerschoten putzen, waschen und kurz in heißem Wasser blanchieren.
Das Noriblatt von einer Seite in einer Pfanne ohne Fett anrösten und anschließend zerkrümeln. Die Sesamsamen ebenfalls rösten. Die Eigelbe verquirlen.

Zubereitung:
Die Tofuwürfel aus der Marinade nehmen und zuerst im Eigelb, dann in den Norikrümeln und zum Schluß in den Sesamsamen wälzen. Das Öl in einem Topf auf 170 Grad erhitzen und die Tofuwürfel darin fritieren.

Servieren:
Die Zuckerschoten auf vier Schälchen verteilen und die Tofuwürfel darauf servieren.

GEBRATENER TOFU MIT GEMÜSE

Zutaten:
4 getrocknete Shiitakepilze
400 g Tofu
100 g Möhren
2 Stangen Porree
4 große Chinakohlblätter
1 Ei
1 TL Zucker
3 EL Sojasauce
2 EL Sake
Öl
1 TL Ingwerpulver

Vorbereitung:
Die Shiitakepilze etwa 20 Minuten in ausreichend Wasser einweichen. Den Tofu mit der Hand grob zerkrümeln und in einem Sieb abtropfen lassen. Die Möhren schälen, den Porree putzen und waschen, dann die Möhren in streichholzstarke Stifte schneiden und den Porree in dünne Ringe.
Den Chinakohl waschen, abtropfen lassen und dann in fingerdicke Streifen schneiden.
Das Ei verquirlen. Bei leichter Hitze den Zucker in einem Topf mit der Sojasauce und dem Sake so lange verrühren, bis der Zucker ganz aufgelöst ist. Die Sauce beiseite stellen.

Zubereiten:
In einem feuerfesten Topf Öl erhitzen, die Gemüse darin kurz anbraten und den Tofu dazu geben. Alles gut vermischen und die Sauce hineingießen. Gründlich, aber sehr vorsichtig alles verrühren. Zum Schluß das Ei einrühren und stocken lassen.

Servieren:
Sofort heiß im Topf servieren. Jeder nimmt nach Belieben aus dem großen Topf in seine Schale.

Eintopf mit Tofu

Zutaten:
8 getrocknete Shiitakepilze
getrocknete Kürbisstreifen
500 g Tofu
Öl
1 kleiner Spitzkohl
100 g Zuckerschoten
1 Bund Schnittlauch
4 Eier
2 EL Zucker
Salz
2 EL Maisstärke
80 g Glasnudeln
1 Noriblatt
20×20 cm Kombu
1½ l Fischbrühe
4 EL Sojasauce

Vorbereitung:
Die Pilze in reichlich Wasser einweichen, nach etwa zehn Minuten die getrockneten Kürbisstreifen dazugeben.
Den Tofu in drei mal zwei Zentimeter große Rechtecke teilen und diese dann in heißem Öl rundherum goldbraun braten.
Den Spitzkohl und die Zuckerschoten waschen und putzen. Beim Spitzkohl die harten Stengel entfernen und die Blätter dann kurz in kochendheißem Wasser blanchieren.
Jetzt die Pilze aus dem Einweichwasser nehmen und sehr fein hacken. Jeweils auf ein Kohlblatt gehackte Pilze geben und das Blatt aufrollen. Mit den Kürbisstreifen zusammenbinden.
Den Schnittlauch waschen und zu kleinen Bündeln zusammenbinden.
Aus den vier Eiern, dem Zucker, Salz und der Maisstärke einen Teig zubereiten und daraus in nur wenig Öl ganz dünne Omeletts backen. Die Omelettes zusammenrollen und in fünf Zentimeter breite Scheiben schneiden.
Die Nudeln in reichlich kochendem Wasser fünf Minuten kochen. Das Noriblatt in zwei Zentimeter breite Streifen schneiden.
Die Nudeln auf zehn Zentimeter länge schneiden und in kleinen Päckchen in die Noriblatt-Streifen wickeln.
Den Kombu in fünf Zentimeter breite Streifen schneiden.

Zubereitung:
Die Fischbrühe mit der Sojasauce zum Kochen bringen und das Einweichwasser von Pilzen und Kürbis dazugeben.
Alle Zutaten bis auf die in Noriblatt gewickelten Nudeln in die Brühe geben, dabei die meisten auf kleine Bambusspießchen stecken. Sobald der Eintopf einmal aufgekocht ist, den Kombu entfernen und den Eintopf auf einem Rechaud nur schwach warm halten.

Servieren:
Den Eintopf im Topf auf dem Rechaud auf den Tisch bringen.
Jeder nimmt sich mit den Bambusspießchen nach Belieben die Zutaten aus dem Topf und legt sie auf einen kleinen Teller vor sich. Dann werden sie verzehrt.
Zum Schluß wird die Brühe gegessen.

Eintopf mit Tofu

Glücksbeutel

Sie heißen so, weil man nie so recht weiß, was in den Taschen versteckt ist. Ihr Genuß bereitet allerdings immer ein Glücksgefühl.

Zutaten:
2 getrocknete Baumpilze
4 dünne, fritierte Tofuscheiben
8 Wachteleier
100 g Hähnchenbrustfilet ohne Haut und Knochen
8 Ginko-Nüsse
300 ml Fischbrühe
4 TL Sojasauce
2 EL Sake
2 TL Zucker

Vorbereitung:
Die Pilze in eine Schüssel mit reichlich kaltem Wasser geben und darin mit einem Holzdeckel bedeckt mindestens eine Stunde einweichen lassen.
Die Tofuscheiben an der längeren Seite halbieren und in jedes Stück vorsichtig eine Tasche schneiden.
Reichlich Wasser in einem großen Topf zum Kochen bringen und darin die fritierten Tofuscheiben etwa zwei Minuten kochen. Die Wachteleier ebenfalls im Wasser drei Minuten kochen. Das Fleisch in einen Zentimeter große Würfel schneiden. Nun die Pilze aus dem Einweichwasser nehmen und in sehr dünne Streifen schneiden.

Zubereitung:
Alle vorbereiteten Zutaten vermischen und diese Mischung dann in die Tofutaschen füllen. Die gefüllten Taschen in einen großen Topf stellen und die Fischbrühe angießen. Alles mit der Sojasauce, dem Sake und dem Zucker würzen. Anschließend die Glücksbeutel 15 Minuten bei mittlerer Hitze in der Brühe garen, danach die Hitze ganz herunter stellen und die Beutel mindestens für weitere zwei Stunden in der Brühe ziehen lassen.

Servieren:
Die Glücksbeutel auf vier kleine Teller stellen.

Gewürztofu

Zutaten:
600 g Tofu
2 Frühlingszwiebeln
1 Stück frischer Ingwer
4 Shisoblätter
1 EL Öl
2 EL Sojasauce
1 EL Mirin
1 TL Sake

Vorbereitung:
Den Tofu gut abtropfen lassen und anschließend in fünf mal fünf Zentimeter große Stücke teilen, dann die Tofustücke in eine Schüssel geben.
Die Frühlingszwiebeln waschen, putzen und sehr fein hacken. Den Ingwer schälen und fein reiben und die Shisoblätter in dünne Streifchen schneiden.
Nun das Öl in einer Pfanne erhitzen und etwa die Hälfte des Ingwers darin anbraten. Dann die Sojasauce mit dem Mirin und dem Sake eingießen und alles gut verrührt einmal aufkochen lassen.

Zubereitung:
Die auf Zimmertemperatur abgekühlte Sauce über den Tofu gießen und so zugedeckt eine Stunde ziehen lassen.

Servieren:
Den Gewürztofu auf vier Schälchen verteilen und mit den Frühlingszwiebeln, dem restlichen Ingwer und den Shisoblättern anrichten.

SÜSS-SAURER TOFU

Zutaten:
400 g Tofu
100 ml Sojasauce
shichimi togarashi
½ Bund Frühlingszwiebeln
150 g Möhren
150 g Bambussprossen aus der Dose
60 ml Reisessig
2 EL Mirin
2 EL Sake
3 EL Zucker

Vorbereitung:
Den Tofu in zweieinhalb Zentimeter große Würfel teilen. Aus zwei Eßlöffeln Sojasauce mit wenig shichimi togarashi eine Marinade rühren. Darin die Tofuwürfel zehn Minuten marinieren.
Die Frühlingszwiebeln putzen, waschen und in feine Ringe schneiden.
Die Möhren schälen und in streichholzartige Stifte schneiden.
Die Bambussprossen in hauchdünne Scheibchen schneiden.

Zubereitung:
Zwiebeln und Möhren in wenig kochendheißem Wasser kurz blanchieren.
In der Zwischenzeit die restliche Sojasauce mit dem Reisessig, dem Mirin, Sake und dem Zucker zum Kochen bringen und so lange kochen, bis sich der Zucker ganz aufgelöst hat.

Servieren:
Die Tofuwürfel aus der Marinade nehmen, auf vier Schälchen verteilen und darüber das Gemüse geben.
Zum Schluß die noch warme Sauce darübergießen und mit wenig shichimi togarashi obenauf bestäuben.

GEBRATENER TOFU MIT SESAM

Zutaten:
600 g Tofu
Mehl zum Bestäuben
⅓ weißer Rettich
1 Stück frischer Ingwer
1 Bund Schnittlauch
Sesamöl zum Braten
6 EL Sesamkörner
1 EL Sojasauce

Vorbereitung:
Den Tofu in zwölf Stücke teilen und diese jeweils fein mit Mehl überpudern.
Den Rettich und den Ingwer schälen und fein reiben, den Schnittlauch putzen, waschen und in feine Röllchen schneiden.

Zubereitung:
In einer Pfanne reichlich Sesamöl erhitzen und bei mittlerer Hitze die Tofustücke rundherum goldbraun braten.
Gleichzeitig in einer anderen Pfanne die Sesamkörner ohne Fett rösten, bis sie aromatisch riechen.
Dann die gerösteten Sesamkörner mit dem Ingwer und dem Rettich zum Tofu geben und alles zusammen kurz dünsten.

Servieren:
Die Tofu-Sesam-Mischung auf vier Schalen verteilen und die Sojasauce darübergießen.
Zum Schluß die Schnittlauchröllchen daraufgeben.

SÜSSIGKEITEN

Geliebte Kleinigkeiten

Naschen ist auch in Japan nicht nur kleinen Kindern vorbehalten. Vielmehr schätzen gerade auch die Erwachsenen durchaus ein paar Süßigkeiten. Ein Damenkränzchen zum Tee, zum Beispiel, wird niemals ohne Süßigkeiten auskommen.
Wie bei Gemüse-, Fisch- und Fleischgerichten wird auch bei der Auswahl und Präsentation der Süßigkeiten Wert auf die Harmonie mit Jahres- und Tageszeit gelegt.
Im heutigen modernen Japan gibt es noch einige alte Familienbetriebe, die sich an der traditionellen Herstellung von Süßigkeiten und Konfekt orientieren. So muß ein Konfekt alle Sinne erfreuen. Zum einen darf die Zunge nicht zu sehr verwöhnt werden, da sonst das Teearoma darunter leiden könnte. Zum anderen soll das Konfekt aber das Auge erfreuen: Es soll hübsch aussehen, dabei aber gleichzeitig durch die Wahl von Form und Farbe seinen Geschmack verraten.
Dieser Anspruch ist immer wieder anzutreffen. Er gilt einem Geschenk zum Kinderfest ebenso wie einer Gabe zur Hochzeit, einem Häppchen zum Damentee oder einem hübsch verpackten Mitbringsel.
Die Grundzutaten für japanisches Konfekt sind einfach und nicht sehr vielfältig.
Um so erstaunlicher ist, welche kleinen Kunstwerke daraus hergestellt werden. So wird gesüßte Bohnenpaste unter den Händen eines geschickten Konfektherstellers zum Abbild eines Ahornblatts. Dabei wird der Hersteller Tag für Tag und Woche für Woche, das ganze Jahr hindurch die Veränderungen und Verfärbungen des Ahornblatts an dem Baum vor seinem Fenster in dem Konfekt wiedergeben.
Ein anderer fertigt vielleicht im Frühjahr Konfekt an, das aufs Haar einer Kirschblüte gleicht, im Sommer eines, das wie kleine, goldene Blütenblätter aussieht, im Herbst ein Konfekt, das Pilze und Kiefernnadeln darstellt und im Winter süße, weiße Riegel mit den Spuren kleiner Tierfüße.
An einem Nachmittag sitzen vielleicht ein paar Freunde zusammen. Sie sitzen auf der kleinen Terrasse, trinken Tee, unterhalten sich ein wenig und suchen ansonsten mit dem Blick die Ferne.
Ist es der Fuji, der dort oben aus den Wolken auftaucht? – Das Symbol für alles Erhabene, Edle und Schöne, aber immer auch ein Zeichen drohender Gefahr. Ist er nicht doch ein noch lebender Vulkan? Und ist er nicht fast auch selbst eine Gottheit?
Jeder Japaner muß einmal im Leben den Fuji bestiegen haben. Selbst kleinste, entlegenste Dörfer schicken einen Vertreter aus ihrer Mitte auf den heiligen Berg. Sie alle wagen sich bis auf den Gipfel, denn dort steht der Tempel. Die Freunde aber – einer oder zwei von ihnen waren schon oben auf »ihrem« Berg, die anderen haben die Tour noch vor sich – verehren den Berg.
Er ist so fern und trotzdem liegt er vor ihnen auf dem Teller.
Der Fuji – auch ein Konfekt.

Obst und Konfekt

Batate: Süßkartoffel, trotz des Namens besteht keine Verwandtschaft zur Kartoffel. Rundlich, länglich oder spindelförmige Knollen mit einem spitzen Ende. Schale von weißlich über gelbbraun bis rötlich. Süßliches, weißliches Inneres. Bataten schmecken am besten, wenn sie in heißer Asche gebraten werden.

Bohnenpaste: Gesüßte, rote Bohnenpaste. Wird in Japan für die vielfältigsten Süßigkeiten verwendet.

Erdbeere: Helle bis dunkelrote, saftig-süße Früchte, die auch in Japan beliebt sind.

Kaki: Diese Frucht stammt aus Japan und wird auch in Deutschland zunehmend angeboten. Die orange-roten Kakis besitzen im reifen (weichen) Zustand einen süßlich, aromatischen Geschmack. Getrocknete Kaki, *Hoshikaki,* werden als Süßigkeiten zum Tee serviert.

Kiwi, auch chinesische Stachelbeere. 60 bis 100 Gramm schwere, rundlich-ovale Früchte mit rostbrauner, harter, pelziger Haut. Intensivgrünes Fruchtfleisch. Kiwis lassen Milchspeisen leicht bitter schmecken, da sie das eiweißspaltende Actinidin enthalten. Durch überbrühen mit heißem Wasser verliert das Actinidin seine Wirkung.

Konfekt: Süßigkeiten aus Bohnenpaste, Rotalgenpulver, Reismehl. Kunstvoll gefärbt und geformt.

Kumquat, auch Zwergorange. Sieht aus wie eine Miniaturausgabe einer etwas länglichen Orange. Im Gegensatz zu Orangen werden bei Kumquats die Schalen mitgegessen. Süßsäuerlicher, kräftig-würziger Orangengeschmack.

Maronen: Eßkastanien. In unseren Rezepten geschält, gekocht und in Sirup eingelegt.

Nashi: Japanische Birne. Zarte, glatte Haut und festes, saftiges Fleisch. Hat einen sehr feinen, aber ausgeprägten Birnengeschmack, erinnert in ihrer Konsistenz aber eher an einen Apfel. Wird roh verzehrt, gewinnt durch Schälen noch an Süße.

Mochireis: Mochireis ist der Reis für süße Speisen. Im Gegensatz zu Uruchireis wird er im Dampftopf gegart. Anschließend in ein Holzgefäß gefüllt und solange mit einem Holzhammer gestoßen bis eine klebrige Masse entsteht. In dieser Form eignet sich Mochireis zum Beispiel als Füllung für einen Kuchen.

Sojamilch: Milch aus Sojabohnenpüree, das mit quellfrischem Wasser aufgekocht wird.

Yokan: eine Süßigkeit aus Bohnen und Zucker. Rote Bohnenpaste (Kuroan, Seite 155) wird mit Algen- oder Weizenpulver vermischt und zu einer fünf Zentimeter breiten Rolle geformt. In zwei Zentimeter dicke Scheiben geschnitten, wird Yokan zum Tee gereicht.

Yuzu: ist die japanische Limette. Sie ist so groß wie eine Mandarine und hat eine gelbe Schale. Das Fruchtfleisch ist im Gegensatz zu den bei uns gängigen Limetten nicht genießbar, da es extrem sauer ist. Dafür ist das Aroma der Schale um so köstlicher. Dünn geschält und in Streifen geschnitten wird die Schale zum Würzen von Salaten oder Süßigkeiten verwendet. Der Saft kann zum Verfeinern von Saucen genutzt werden. Gelegentlich sind Yuzus im Herbst und Winter in japanischen Geschäften in Europa erhältlich.

Einfache Reiskuchen und Reiskuchen mit Tee und Zimt

Zutaten:
220 g Joshinko (pulverisierter, besonders klebender Reis)
3 EL Sojasauce
2 EL Mirin
100 g Zucker
1 Msp. Zimt
½ TL gemahlener, grüner Tee

Vorbereitung:
Für die einfachen Reiskuchen 120 Gramm Joshinko in eine Schüssel geben und nach und nach warmes Wasser zugießen.
Während der ganzen Zeit den Reis gut durchkneten, bis ein festerer, aber geschmeidiger Teig entsteht.
Diesen Teig in drei Teile teilen.
In einen Dampftopf ein feuchtes Tuch legen und darauf die drei Teigballen setzen. Bei starker Hitze 20 Minuten dämpfen.
Währenddessen die Sojasauce mit dem Mirin in einem Topf zum Kochen bringen und so lange einkochen lassen, bis die Sauce leicht karamelisiert.
Für die Tee-Zimt-Reiskuchen 100 Gramm Joshinko mit 100 Gramm Zucker vermischen und dann wie mit dem ersten Reisteig verfahren.

Zubereitung:
Aus dem Teig für die einfachen Reiskuchen 24 Bällchen formen und diese jeweils zu dritt auf ein Bambusspießchen stecken.
Die Spieße kurz bei starker Hitze grillen, bis sie goldbraun werden. Dann gut mit der karamelisierten Sauce einpinseln und noch mal grillen.
Wenn es wunderbar duftet, sind die Bällchen fertig.
Den anderen Teig dritteln.
Unter das erste Drittel den Zimt kneten und dann acht Bällchen daraus formen.
Unter das zweite Drittel den gemahlenen, grünen Tee kneten und wiederum acht Bällchen daraus formen. Das letzte Drittel so belassen, wie es ist, allerdings auch acht Bällchen daraus formen.
Dann jeweils ein Zimt-, ein Tee-, und ein neutrales Bällchen auf einen Bambusspieß stecken.

Servieren:
Die gegrillten Spießchen und die bunten Spießchen auf vier Teller verteilen und servieren.

Pflaumenwein- und Sojamilchgelee

Zutaten:

15 g Rotalgenpulver (Agar-Agar)
85 g Zucker
½ EL Zitronensaft
30 ml Pflaumenwein
15 g Gelatinepulver
¼ TL Rote-Beete-Instant-Pulver
200 ml Sojamilch
50 ml Schlagsahne
Mark einer Vanillestange
1 Kiwi
6 Erdbeeren

Vorbereitung:

Pflaumengelee:
In einem Topf 250 Milliliter Wasser mit dem Rotalgenpulver und 45 Gramm Zucker geben und bei mittlerer Hitze zum Kochen bringen. Dann bei schwacher Hitze noch drei Minuten weiterkochen.
Danach abkühlen lassen und den Zitronensaft, den Pflaumenwein und das Rote-Beete-Pulver unterrühren.
Den Topf in warmes Wasser stellen, damit das Gelee nicht gerinnt.

Sojamilchgelee:
Das Gelatinepulver in einem Eßlöffel Wasser einweichen.
Die Sojamilch mit 40 Gramm Zucker in einem Topf bei schwacher Hitze erwärmen.
Die Gelatine zufügen und das Gelee abkühlen lassen.
Dann die flüssige Schlagsahne und das ausgelöste Vanillemark unterrühren und ebenfalls in warmes Wasser stellen.
Die Kiwi schälen und in dünne Scheiben schneiden und die Erdbeeren putzen, waschen und halbieren.

Zubereitung:

In eine Schale zuerst die Hälfte des Pflaumenweingelees füllen und das Gelee im Kühlschrank steif werden lassen.
Dann die Hälfte des Sojamilchgelees daraufgeben und ebenfalls im Kühlschrank steif werden lassen.
Dann wieder Pflaumenweingelee und dann noch einmal Sojamilchgelee.
Wenn die Geleeschichten zusammen schön steif geworden sind, die Schale aus dem Kühlschrank nehmen.

Servieren:

Das Gelee in einen Zentimeter dicke Scheiben schneiden und auf einer Platte mit den Erdbeeren und den Kiwischeiben garniert servieren.

Folgende Doppelseite:
Japanische Süßigkeiten, Pflaumenwein- und Sojamilchgelee
Gelee aus grünem Tee, Rezept Seite 140

GELEE AUS GRÜNEM TEE

Ein einfaches, aber raffiniertes Naschwerk. Für europäische Gaumen allerdings gewöhnungsbedürftig.

Zutaten:
8 g Agar-Agar
5 g grüner, pulverisierter Tee
150 g Zucker
50 ml Mirin
6 Kumquats

Vorbereitung:
Das Agar-Agar in einem Viertelliter warmem Wasser einweichen.

Zubereitung:
Sobald das Agar-Agar sich aufgelöst hat, den Tee hinzufügen und mit einem Schneebesen gründlich verschlagen. Den Zucker und Mirin dazugeben und alles zusammen einmal aufkochen lassen.
Zum Abkühlen und Gelieren in eine hohe, rechteckige Schale füllen.

Servieren:
Aus der festen, gelierten Masse Würfel oder dünne Scheiben schneiden und diese zusammen mit den Kumquats hübsch dekoriert servieren.

PFANNENKUCHEN

Dieser süße Pfannenkuchen erhält durch die Zeichnung das Aussehen eines Fisches.

Zutaten:
90 g Mehl
½ TL Backpulver
1 Ei
75 g Zucker
½ TL Mirin
120 g rote, gesüßte Bohnenpaste
Öl

Vorbereitung:
Das Mehl zusammen mit dem Backpulver durchsieben. Das Eiweiß in eine Schüssel geben und steif schlagen, dann den Zucker hinzufügen und zusammen sehr steif schlagen.
Das Eigelb mit dem Mirin und zwei Eßlöffeln Wasser zugeben und vorsichtig unterrühren.
Zum Schluß das Mehl unterheben.

Zubereitung:
In einer Pfanne sehr wenig Speiseöl erhitzen und den Teig langsam hineingießen. Sobald der Teig anfängt zu stocken, diesen zu einem ovalen Kuchen zusammenschieben. Das gelingt am besten mit einem Holzlöffel. Dann die Pfanne zudecken und den Kuchen bei mittlerer Hitze garen.
Den gegarten Kuchen vorsichtig aus der Pfanne gleiten lassen und einmal in der Mitte zusammenfalten. Die Bohnenpaste in die so entstandene Tasche füllen.

Servieren:
Einen Metallspieß erhitzen und damit die Umrisse eines Fischs auf den Kuchen zeichnen.

SÜSSKARTOFFELN IN DER SCHALE

Ein ganz exquisites Dessert, daß nicht nur auf die japanische Tafel paßt.

Zutaten:
200 g Süßkartoffeln (Batate)
40 g Butter
70 g Zucker
¼ l Schlagsahne
2 cl Brandy
2 Eigelb
1 TL Mirin

Vorbereitung:
Den Backofen auf 175 Grad vorheizen.
Die Süßkartoffeln gründlich waschen und mit Schale etwa 70 Minuten im Backofen backen.
Die gegarten Kartoffeln längs halbieren und bis auf einen kleinen Rand aushöhlen.
Die ausgehöhlten Kartoffeln beiseite stellen und den Inhalt pürieren.

Zubereitung:
Die pürierten Kartoffeln zusammen mit der Butter dem Zucker und der flüssigen Schlagsahne in einem Topf bei mittlerer Hitze so lange kochen, bis sie etwas eindicken. Dabei immer wieder mit einem Holzlöffel umrühren.
Den Topf vom Herd nehmen, ein Eigelb unterrühren und das Ganze nochmals aufkochen.
Den Topf wieder vom Herd nehmen und den Brandy unterrühren. Nun die Masse in die beiseite gestellten, ausgehöhlten Kartoffelhälften füllen. Dabei Hügel formen, diese aber glattstreichen.
Nun das zweite Eigelb mit dem Mirin verrühren und die »Hügel« damit gut einstreichen.
Jetzt die Kartoffeln wieder im Backofen goldbraun backen.

Servieren:
Die goldbraunen, gefüllten Kartoffelhälften noch warm jeweils auf einen kleinen Teller setzen und servieren.

MIZUYOKAN

Zutaten:
8 g Rotalgenpulver (oder Agar-Agar)
300 g rote, gesüßte Bohnenpaste
8 Kirschblätter aus der Dose

Vorbereitung:
Das Rotalgenpulver in einem halben Liter Wasser bei schwacher Hitze so lange kochen, bis das Pulver ganz aufgelöst ist. Bei Verwendung von Agar-Agar muß dieses erst einmal in einem Achtelliter Wasser eingeweicht werden. Danach ebenfalls kochen, bis das Agar-Agar aufgelöst ist.
Die Kirschblätter kurz in kochendheißem Wasser blanchieren.

Zubereitung:
Die Bohnenpaste in eine Schüssel geben und nach und nach mit der Rotalgenflüssigkeit vermischen. Bei schwacher Hitze vier Minuten köcheln lassen, dann in eine mit kaltem Wasser ausgespülte Schüssel umfüllen und kalt stellen, bis die Masse geliert. Die Schüssel stürzen und das Yokan in acht gleich große Stücke schneiden.

Servieren:
Die Stücke jeweils mit einem Kirschblatt umwickeln und auf einem Teller anrichten.

TEE-EIS

Dieses Eis wird aus Matcha, dem grünen Teepulver der Teezeremonie hergestellt.

Zutaten:
3 Eigelb
79 g Zucker
¼ l Milch
4 EL Teepulver (Matcha)
250 g Sahne

Vorbereitung:
Die Eigelbe mit dem Zucker cremig rühren. Milch und Teepulver hinzufügen und das Ganze bei mittlerer Hitze schaumig aufschlagen.

Zubereitung:
Die Sahne steif schlagen und unter die Creme ziehen. Die Teemasse in ein Metallgefäß füllen, im Gefriergerät zwei Stunden gefrieren lassen. Wenn die Creme halb gefroren ist, einmal kräftig durchschlagen, erneut ins Gefrierfach stellen und völlig erstarren lassen.

Kleine kuchen mit Bohnenpaste

Zutaten:
200 g Mehl
6 g Backpulver
2 TL pulverisierter, grüner Tee
120 g Zucker
150 g rote, gesüßte Bohnenpaste

Vorbereitung:
Den Backofen auf 175 Grad vorheizen.
Das Mehl mit dem Backpulver zusammen durchsieben. In eine Schüssel einen guten Achtelliter warmes Wasser mit dem pulverisierten Tee geben und darin den Zucker auflösen.

Zubereitung:
Die Mehlmischung zu der Zuckerlösung geben und zusammen so lange kneten, bis ein fester, aber geschmeidiger Teig entsteht. Die Bohnenpaste in zehn Teile teilen, ebenso den Teig. Aus dem Teig zehn kleine, runde Böden ausrollen. Diese Böden jeweils mit etwas Bohnenpaste bestreichen.
Ein Backblech mit Mehl bestäuben und die kleinen Kuchen daraufsetzen. Im Backofen 20 bis 25 Minuten backen.

Servieren:
Die kleinen Kuchen noch warm auf einer Platte servieren.

Mit Maronen gefüllte Süsskartoffeln

Zutaten:
400 g Süßkartoffeln (Batate)
120 g Zucker
Salz
8 Maronen in Sirup aus dem Glas

Vorbereitung:
Die Süßkartoffeln schälen, in einen Zentimeter dicke Stücke schneiden und in einem Topf mit Wasser gar kochen. Dann das Wasser abschütten und die Kartoffelstücke sofort im Mixer pürieren. Das Püree mit dem Zucker und einer Prise Salz in einen Topf geben und kochen, bis es etwas fester wird, so daß daraus kleine Klöße geformt werden können.
Während des Kochens das Püree immer gut mit einem Holzlöffel durchkneten.

Zubereitung:
Das Püree in acht Teile teilen. Die Maronen gut abtropfen lassen. Jeweils eine Marone in einen Püreekloß geben.

Servieren:
Die grob geformten Klöße jeweils in ein feuchtes Tuch wickeln und dabei zu kleinen Säckchen drehen. Aus dem Tuch nehmen und paarweise auf Tellerchen servieren.

TEE

Teezeremonie

Bereits im achten Jahrhundert kam Tee von China nach Japan. Doch wußte zu der Zeit niemand so recht etwas damit anzufangen, daher wurde Tee erst einmal als Medizin genutzt.
Erst nach dem 12. Jahrhundert wurde es in Japan langsam zur Gewohnheit regelmäßig Tee zu trinken.
Richtig in Mode kam er allerdings erst, als die reichen Adeligen – mit ihren Verbindungen zu den Zen-Klöstern – im 15. und 16. Jahrhundert die alltägliche Gewohnheit des Teetrinkens zu höchster Ästhetik erhoben.
Aus dieser Ästhetik wurde die Teezeremonie geboren, mit ihren Teemeistern und ihren strengen Regeln. Bis heute haben diese Regeln ihre Gültigkeit behalten.

Tee – Nicht einfach ein Getränk

An der mit weißem Reispapier verkleideten Wand hängt heute abend ein schlichtes Bild. Es ist von einem berühmten japanischen Künstler angefertigt worden und trotz der Schlichtheit der wenigen schwarzen Pinselstriche ist es ein Bild, das eine ganze Geschichte erzählt. Es zeigt in stilisierter Form einen Kranich, der auf einen Berg – ist es der Fuji . . . – zufliegt, und es deutet durch einen Hauch von Rot einen Sonnenuntergang an.
Wahrscheinlich ist es die Zeit der Abenddämmerung irgendwann im Herbst, wenn die Zugvögel in wärmere Länder ziehen. Das Bild ist der einzige Schmuck in dem schlichten quadratischen Teeraum. Auf dem Boden liegen helle Tatami-Matten und in der Mitte des Raums befindet sich ein viereckiges Kohlebecken, dessen glühende Holzkohle von einem sorgfältig zusammengekehrten Aschekegel bedeckt ist. Ein eiserner Kessel steht darüber.
Nun betreten drei Gäste (die ideale Zahl an Gästen sind drei oder fünf) den Teeraum durch eine kleine Tür, deren Maße etwa einen Meter mal einen Meter betragen, so daß man diesen Raum nur gebückt betreten kann. Die gebückte Haltung und die Schlichtheit des Raums bereiten den Gast auf die Teezeremonie vor. Alles soll ruhig, meditativ und auf das Wesentliche beschränkt sein.
Ausgiebig wird das Bild von den Gästen betrachtet. Sie stellen dabei fest, daß die Harmonie des Bildes ein Abbild des heutigen Abends ist. Danach nehmen sie auf den Reisstrohmatten Platz und beginnen eine ruhige Unterhaltung. Vielleicht sprechen sie von den Zugvögeln oder von der untergehenden Sonne, von den Bergen oder der Luft am Abend.

Das Kaiseki-Mahl

Die Gastgeberin erscheint bald darauf und bringt das Teegerät und ein Gefäß mit Weihrauch. Beides wird den Gästen gezeigt und von allen ausgiebig bewundert.
Ein kleines Mahl, Kaiseki, beginnt. Auch das Teemahl wird auf den herbstlichen Abend abgestimmt sein. Zuerst wird vielleicht ein orange-gelbes Tablett hereingetragen, auf dem eine lackierte Schale mit Spinat und Pilzen steht, dazu eine Lackdose mit Reis und Kastanien, eine einfache, klare Suppe mit Pilzen und eine rustikale Schüssel mit Pilzen und Hühnerfleisch. Bei diesem Essen spiegeln vor allem die Pilze den Herbst wider.
Gerade dadurch, daß die Pilze in fast jedem Gericht enthalten sind, entsteht eine besondere Harmonie des Kaiseki-Mahls.
Der aufmerksame Gast wird bemerken, daß sich sowohl in dem gereichten Geschirr, als auch in der Auswahl der Speisen die Jahres- und Tageszeit widerspiegelt.
Vielleicht wiederholen sich auf einer Schale

oder einem Tablett die herbstlichen Sträucher mit ihren typischen Farben, die in dem kleinen Garten vor dem Teeraum stehen. Natürlich hat sich die Gastgeberin besonders um ihre Gäste bemüht. Die Augen der Gäste sollen durch nichts aufgeschreckt werden. Auch sollen sie nicht gestört werden durch unliebsamen Geschmack oder Geruch. So hat die aufmerksame Gastgeberin vorher genau erkundet, was ihre Gäste schätzen. Es wäre sehr unschicklich, wenn die Gäste zwar von einem äußerst raffinierten Gericht beeindruckt wären, aber das Essen ihnen nicht so richtig schmecken würde.
Nach dem Mahl machen die Gäste vielleicht einen kleinen Spaziergang durch den Garten. Ein Kranich fliegt vorbei und die Sonne ist nun ganz untergegangen.

Die Teemeisterin

Die Gastgeberin bittet die Gäste zurück in den Teeraum. Dort summt das Wasser leise im Kessel über der Feuerstelle, und ein Gefäß für das Wasser steht auf den Matten an seinem vorbestimmten Platz ebenso wie die Teedose.
Dann erscheint die Gastgeberin, die auch die Rolle der Teemeisterin übernimmt. Sie trägt eine Teeschale mit beiden Händen, dazu ein schmales, weißes Leinentuch und einen Bambuspinsel. Über der Teeschale liegt quer der Teelöffel aus Bambus.
Sie stellt auch diese Sachen an ihren Platz, geht wieder hinaus und bringt dann einen Behälter für gebrauchtes Wasser, eine Schöpfkelle und eine Stütze für den heißen Deckel herein.
Während die Meisterin sich in vorgeschriebener Haltung auf den Tatami-Matten niederläßt, warten die Gäste auf den eigentlichen Beginn der Teezeremonie.
Alles hat seinen vorbestimmten Ablauf, jede Handbewegung, jede Geste folgt einem alten Ritual.
Als erstes erfolgt eine symbolische Reinigung. Dazu werden nacheinander zuerst die Teelöffel, dann die Teedose mit einer sauberen Seidenserviette, der Fukusa, abgewischt. Mit einem Schöpflöffel aus Bambus, der immer nur einmal verwendet wird, wird danach ein wenig heißes Wasser aus dem Teekessel in die einzige Teeschale geschöpft. Das Trocknen der Teeschale erfolgt mit einem blütenweißen Leinentuch, dem Chakin. Die Meisterin legt das Tuch über den Rand der Teeschale und dreht sie so lange, bis sie trocken ist. Ein Ritual, das nicht nur dazu dient, die Teeschale symbolisch zu reinigen, sondern das den Händen der Meisterin hilft, durch die besonnenen und sorgsamen Drehbewegungen sich zu beruhigen und den Geist zu läutern.
Das Reinigen der Gegenstände in Gegenwart der Gäste gewährleistet nicht nur, daß alle Utensilien wirklich ganz sauber sind, sondern den Gästen wird auch gezeigt, wie sehr ihr Wohl der Gastgeberin am Herzen liegt.
Die nun trockene Schale stellt die Gastgeberin an vorbestimmter Stelle vor sich und das benutzte Leinentuch legt sie sorgsam zusammengefaltet auf den Rand des Kesseldeckels, der seitlich des Teekessels steht.
Dann nimmt sie den dünnen, gebogenen Bambusteelöffel von der Teedose. Wohlbedacht und langsam öffnet sie die Teedose. Sie macht das sehr vorsichtig, um die leichte Wölbung des Tees nicht zu zerstören. Zwei oder drei Löffel voll nimmt sie behutsam ab und läßt sie langsam in die Schale rinnen, damit sich dort wieder ein Kegel wie in der Teedose bilden kann. Nach dem Leeren des letzten Löffels schlägt die Teemeisterin ihn leicht gegen den inneren Rand der Teeschale. So gelangt zum einen wirklich jedes noch so kleine Teestäubchen in die Schale, zum anderen hilft der nicht zu harte, aber auch nicht zu dumpfe Klang den Gästen, sich auf die Zeremonie zu konzentrieren.
Frisches, klares Quellwasser wird mit der Schöpfkelle aus dem Kessel genommen. Dabei taucht sie die Kelle mit ununterbrochener, anmutiger Bewegung in das Wasser. Das Wasser soll auf keinen Fall störend gurgeln, während sich die Kelle

füllt. Langsam gießt sie nun etwa ein Drittel des heißen Wassers aus der Kelle in die Teeschale.
Die Gastgeberin hat während der ganzen Zeit sorgsam darauf geachtet, daß das Wasser nicht kocht. Nur leise sieden soll es. Das wird dadurch erreicht, daß die Holzkohle ständig von ein wenig Zugluft umweht wird, so wird eine gleichmäßige Hitze garantiert.
Das Wasser im Kessel simmert leise und erinnert die Gäste an das sanfte Singen des Abendwindes, wenn er durch die Gärten streicht. Oder an das beruhigende Plätschern eines kleinen Baches, der leise durch den Garten fließt.
Eine gute Meisterin hört am Klang des Wassers, ob die richtige Temperatur erreicht ist. Wird das Wasser doch einmal zu heiß, so gießt sie aus dem bereitstehenden porzellanenen Wasserbehälter etwas frisches Wasser nach. So wird die jugendliche Kraft des Wassers erhalten.
Zum Schluß nimmt die Teemeisterin einen Rührbesen in die Hand.
Dieser sogenannte Chasen wird Dank seiner Form der Aufgabe, die er erfüllen muß, besonders gerecht. Seine Form wurde bereits vor Jahrhunderten erdacht und seither kaum verändert. Der Besen ist aus Bambus. Um aus einem Stück Bambus einen Rührbesen zu schneiden, bedarf es über 50 Arbeitsgänge. Mit diesem Rührbesen nun schlägt die Meisterin den Tee auf. Auch das geschieht wieder mit einer sanften, ununterbrochenen Bewegung, die ebenso wie alle anderen Handgriffe und Bewegungen alten, überlieferten Bestimmungen folgt.
Um den Tee mit dem Wasser kräftig und doch anmutig verschlagen zu können, gehört stundenlange Übung und jahrelange Erfahrung dazu.
Der »flüssige Jadeschaum« wie er von einem alten Teemeister einmal bezeichnet wurde, wird für jeden Gast neu aufgeschlagen, daher schlägt die Gastgeberin nur jeweils eine verhältnismäßig kleine Menge an Tee und Wasser für jede Portion.
Der jeweilige Gast nimmt die ihm dargereichte Schale mit beiden Händen auf. Dabei greift er gleichzeitig die darunterliegende Seidenserviette, die Kobukusa, mit. Er hebt die Schale mit einer der Gastgeberin gegenüber Dankbarkeit ausdrückenden Geste an.
Gleichzeitig entschuldigt er sich mit einer Verbeugung bei seinem Nachbarn dafür, daß er als erster an die Reihe kam.
Danach dreht er die Schale nach Form und Verzierung in eine bestimmte Position und schlürft langsam den Tee.
Alle Gäste haben nun ihren Tee genossen, und sie widmen ihre Aufmerksamkeit den Gerätschaften und der Teeschale. Alles wird ausgiebig bewundert.
Eine Schale, die etwas grob und unscheinbar wirkt, kann doch die Kostbarste sein. Sie könnte von einem großen Künstler der Vergangenheit erschaffen sein und sie könnte einem legendären Teemeister so gut gefallen haben, daß er sie signiert hat. Eine andere Schale ist vielleicht nicht so kostbar, kann aber dennoch ihre ureigene Geschichte erzählen.
Auf der heute gebrauchten Schale finden wir den Kranich wieder. Er wurde vom Künstler des Kranich-Wandbildes mit wenigen Pinselstrichen auf die zart grau-beige Schale gepinselt.
Die leisen Gespräche während der Teezeremonie handeln von alten Meistern, großen Künstlern, Kranichen, die in wärmere Lande ziehen, vom Herbst und von der Magie des heiligen Fuji.

Die Gerätschaften für die Teezeremonie

Chakin: Das Leinentuch. Es ist immer blütenfrisch und weiß, mit ihm wird die Teeschale getrocknet.

Chasen: Der Rührbesen. Er ist ebenfalls aus Bambus und wird handgearbeitet. Um aus einem Stück Bambusholz einen Rührbesen herzustellen, braucht ein erfahrener Hersteller über 50 Arbeitsgänge. Die Form des Chasen wurde bereits vor Jahrhunderten erdacht und seither nicht mehr viel verändert. Die besten Besen kommen aus Chasenmura, was übersetzt Rührbesendorf heißt.

Chashaku: Der Teelöffel. Er ist aus Bambusrohr, etwa 20 Zentimeter lang und an seinem unteren Ende leicht gebogen.

Chawan: Die Teeschale. Sie kann schlicht sein und trotzdem eine einmalige Kostbarkeit. Sie kann sehr schön sein und trotzdem nichts Besonderes. Sie kann unscheinbar sein, aber trotzdem eine zweihundert Jahre alte Geschichte erzählen. Sie hat jedenfalls immer eine besondere Bedeutung und ist aus feinstem Porzellan.

Fukusa: Eine kleine Seidenserviette. Mit ihr werden die Teedose und der Teelöffel symbolisch in Anwesenheit der Gäste gereinigt.

Furo: Die Feuerstelle mit Holzkohle. Sie sollte immer sanft von Zuluft umweht werden, damit die Glut nicht zu heiß wird und somit das Wasser nicht zu hohe Temperaturen erreicht.

Futaoki: Eine Stütze für den Teekesseldeckel. Auch der Schöpflöffel kann darauf abgelegt werden.

Hishaku: Der Schöpflöffel. Er ist auch aus Bambus. Für jede Zeremonie wird ein neuer Löffel verwendet.

Kama: Der Teekessel. Er steht über dem Holzkohlenfeuer und ist mit dem besten, quellfrischen Wasser gefüllt. Das Wasser soll immer leise sieden und darf niemals zu heiß werden.

Kensui: Eine Schale für gebrauchtes Wasser. Da hinein kommt auch das Wasser, das mit der Schöpfkelle aus dem Kessel geschöpft wurde, aber nicht vollständig in die Schale gegossen wurde.

Kobukusa: Eine größere Seidenserviette. Sie wird unter die Teeschale gelegt, wenn diese dem Gast gereicht wird. Er nimmt zusammen mit der Schale die Serviette mit beiden Händen auf.

Matcha: Der grüne Tee. Frische Teeblätter werden gedämpft, getrocknet und in einer Steinmühle zu feinem Pulver gemahlen. Grüner Tee ist reich an Vitamin C. Nur grüner Tee, wenn auch in verschiedenen Mischungen, wird für die Teezeremonie verwendet.

Mizusashi: Ein Behälter für kaltes Wasser. Er ist mit dem gleichen Wasser wie das im Teekessel gefüllt. Nur ist hier das Wasser kalt, damit, sollte das Wasser im Kessel doch einmal zu heiß werden, mit kaltem Wasser die jugendliche Kraft des Wasser wiederhergestellt werden kann.

Natsume: Die Teedose. Sie ist klein und handlich. Sie ist niemals bis zum Rand mit Tee gefüllt, sondern der Tee liegt wie ein kleiner Hügel in ihr.

特級
白雪

WÜRZEN

Würzen und Gewürze

Der Umgang mit der richtigen Würze ist in Japan besonders wichtig. Ohne Dashi zum Bespiel, der Fischbrühe, wäre die japanische Küche nur sehr unvollständig. Die klare Suppe wird in Japan fast ebenso eingesetzt wie Bouillon in Europa. Sie gibt ihr zartes Aroma dezent an Suppen, Gemüsegerichte oder Saucen weiter. Im Gegensatz zu europäischen Brühen ist Dashi völlig fettfrei.

Grundrezept für 1 Liter Fischbrühe (Dashi):

Ein Stück Kombu (getrockneter Seetang), circa zehn mal zehn Zentimeter groß und 30 Gramm Katsuobushi (getrockneter Blaufisch, Bonitoflocken).
Für das Gelingen von Dashi ist es unbedingt erforderlich den getrockneten Seetang mit einem feuchten Tuch abzutupfen. Achten Sie jedoch darauf, nicht auch die Puderschicht mit abzuwischen, die durch das Trocknen des Seetangs entsteht. Es sollen nur Schmutz und Sand entfernt werden. Auch darf man den Kombu niemals waschen, weil er dadurch an Geschmack einbüßt.
Damit sich das Aroma besser entfalten kann, wird der gesäuberte Kombu mit der Küchenschere mehrmals eingeschnitten.
Dann den Kombu zusammen mit einem Liter kaltem Wasser in einen Topf geben. Den Topf auf keinen Fall zudecken, da die Brühe sonst trüb werden und einen unangenehmen Geschmack entwickeln kann. Bei schwacher bis mittlerer Hitze langsam das Wasser zum Kochen bringen. Wenn am Topfrand langsam Blasen aufsteigen, den Kombu an der dicksten Stelle prüfen, ob er weich ist, da er nur dann seinen ganzen Wohlgeschmack an das Wasser abgegeben hat. Bevor das Wasser richtig kocht, den Seetang herausnehmen und eine Tasse kaltes Wasser nachgießen, damit der Kochvorgang unterbrochen wird. Dann die Bonitoflocken hineingeben und alles noch einmal aufkochen. Anschließend den Topf vom Herd nehmen und warten, bis sich die Katsuobushi am Boden abgesetzt haben.
Nun die Brühe durchseihen und dabei darauf achten, daß die Flocken nicht ausgepreßt werden.
Die fertige Fischbrühe soll klar und ohne Katsuobushi-Rückstände sein.
Für den Fall, daß Sie einmal nur wenig Fischbrühe benötigen gibt es auch Instant-Dashi. Dies sowohl in getrockneter Form, als auch in Form von konzentrierter Flüssigkeit.

Kleines Glossar der Würzen

Ao-Nori: Grüne Seetangflocken. Verwechseln Sie Ao-Nori nicht mit Nori. Ao-Nori gibt es in geflockter oder in pulverisierter Form. Es wird meistens als reine Würze verwendet.

Goma: Schwarze oder weiße Sesamsamen. In einigen Rezepten wird Sesampaste verwendet. Sie wird so hergestellt:
Die Sesamsamen ohne Fett in einer Pfanne bei kleiner Hitze unter ständigem Rühren rösten. Sobald die Samen Öl abgeben und anschwellen werden sie aus der Pfanne genommen. Dann die gerösteten Samen im Mixer zu einem groben Brei zermahlen und die Masse anschließend durch ein feines Sieb streichen.

Goma-Abura: Sesamöl. Ein Öl mit einem wunderbaren Eigenaroma. Sollte nur mäßig verwendet werden.

Hikicha: Gemahlener, pulverisierter, grüner Tee. Die frischen Teeblätter werden sorgfältig getrocknet und dann zu einem puderfeinen Pulver zermahlen. Hikicha gibt ein zartes Aroma und färbt gleichzeitig ein wenig die Speisen.

Hijiki: Getrockneter, gepreßter Seetang. Muß gründlich gewaschen werden und dann eine halbe Stunde einweichen. Hijiki erreicht dabei ungefähr sein achtfaches Volumen.

Kampyo: Getrocknete Kürbisstreifen. Das in lange, dünne Streifen geschnittene Fleisch eines Kürbis wird getrocknet. Am Besten sind gleichmäßig dicke, weiße Streifen. Das Aroma ist charakteristisch, süßlich. Die Streifen werden vor der Zubereitung mit leicht angefeuchtetem Salz abgerieben, das macht sie weicher. Dann werden sie circa 15 Minuten in Wasser eingeweicht und anschließend in Wasser gekocht, bis sie weich sind. Verwendung finden sie vor allem bei Sushi und in gekochten Gerichten.

Kanten: Getrocknete Rotalgen. Müssen vor dem Gebrauch gesäubert und eingeweicht werden. Das entfällt bei Rotalgenpulver. Kanten wird überwiegend für die Herstellung von Süßigkeiten verwendet.

Karashi: Japanischer, gelber Senf. Karashi wird normalerweise in Pulverform angeboten und dann mit Wasser angerührt. Dazu vermischen Sie etwas Senfpulver mit gut handwarmem Wasser und decken es etwa zehn Minuten lang zu, bis sich der würzige, aromatische Duft voll entfaltet. Als Ersatz kann Senf ohne Essig- und Zuckerzusatz dienen. Der handelsübliche, scharfe Senf mit Zucker, Essig, Salz und anderen Zutaten ist als Ersatz nicht zu empfehlen.

Katsuobushi: Getrockneter Bonito (Blaufisch). Die Blaufische werden nach dem Schuppen und dem Entfernen von Köpfen, Schwanzflossen und Gräten in drei gleichgroße Teile geschnitten. Diese werden zuerst gedämpft und dann zu ganz harten Blöcken getrocknet. Von den Blöcken schabt man dann mit einem speziellen Gerät Flocken ab, die auch als Basis für Fischbrühe (Dashi) Verwendung finden. Nur ganz harte, schwere und glänzende Blöcke sind von hoher Qualität.

Kombu: Getrockneter Seetang. Es sind dickere Seetangblätter, die getrocknet in den Handel kommen. Kombu ist unerläßlich für eine Fischbrühe (Dashi). Vor der Verwendung muß der Seetang, der mit einer dünnen, weißen Puderschicht bedeckt ist vorsichtig mit einem feuchten Tuch abgerieben werden. Er darf allerdings nicht gewaschen werden.

Konnyaku: Ein gelantineähnlicher, durchsichtiger Laib aus Stärkemehl. Das Stärkemehl wird aus den Wurzeln der Stachyknollen (Teufelszungen) gewonnen. Konnyaku selbst ist fast geschmackslos. Damit es besser fremden Geschmack annimmt und den eigenen ausgeprägten Geruch etwas verliert, wird empfohlen, Konnyaku vorzukochen.

Kuroan: Gesüßte dunkelrote Bohnenpaste. Sie wird ähnlich wie Marzipan in Deutschland verwendet. Dunkelrote Paste wird aus roten Bohnen und weiße (Shiroan) aus weißen Bohnen hergestellt. Gekochte Bohnen werden zerhackt, durch ein Sieb passiert und mit Zucker zu einer Paste eingekocht.

Kuzuko: Pfeilwurzelmehl. Es dickt sehr gut an, läßt dabei die Saucen aber weiter etwas durchsichtig erscheinen. Es ist leichter verdaulich als Mehl oder Kartoffel- oder Maisstärke.

Mirin: Süßer Reiswein. Ein Wein, der niemals in Gläsern auf den Tisch gelangt, da er ausschließlich in der Essenszubereitung Verwendung findet. Mirin wird aus Mochi-Gome gewonnen, einem kurzkörnigen, sehr stärkehaltigen Reis. Der Alkoholgehalt von Mirin liegt zwischen 13 und 22 Prozent.

Miso: Sojabohnenpaste. Eine halbfeste Paste aus gegorenen Sojabohnen, die in der japanischen Küche eine charakteristische Würze darstellt. Miso unterscheidet sich je nach Malzsorte, die dem Sojabohnenmus zugesetzt wurde. Auch Salz und Stärkegehalt, sowie die Farbe spielen eine unterschiedliche Rolle. Am gebräuchlichsten ist dunkles (rotes) Miso und helles (weißes) Miso. Miso kann universell in fast allen Gerichten eingesetzt werden.

Momijioroshi: Ein Gewürz, welches man selbst herstellen sollte. Es besteht aus einem Stück (Daikon) Rettich und zwei bis drei getrockneten Chilischoten. Von den Schoten am oberen Ende eine kleine Kappe abschneiden und die Schoten so zwischen den Fingern drehen, daß die kleinen Samen herausfallen. Dann Rettich schälen und mit einem dünnen Stäbchen kleine Löcher in eine Schnittseite des Rettichs bohren. Die Löcher sollen Umfang und Länge der Chilischoten haben. Dann die Schoten in die Löcher stecken und ein paar Minuten abwarten, bis die Chilis aufgeweicht sind. Eine kleine Gemüsereibe über einen Teller legen und den Rettich darüber reiben und dabei etwas Flüssigkeit ausdrücken. Die so entstehende Paste ist eine aromatische, scharfe Würze.

Myouga: Eine dem Ingwer verwandte Wurzel, jedoch nicht ganz so würzig und aromatisch. Hier meistens nicht erhältlich, daher sollte als Ersatz immer Ingwer verwendet werden.

Nori: Getrockneter Purpurtang. Die feinen Blätter des Seetangs werden auf einem bespannten Holzrahmen zu einem Blatt getrocknet. Dadurch entstehen die papierdünnen, schwarz-grünlich schimmernden Blätter. Wird Nori geröstet, so wird er knuspriger und ein ganz klein wenig purpurfarben. Nori wird ohne Fett in der Pfanne oder auf der heißen Herdplatte nur kurz von einer Seite geröstet. Zerdrückt man den Purpurtang dann noch leicht in der Hand, wird sein Aroma besser frei. Sushi ohne Nori wäre nicht denkbar.

Ponzusauce: Eine Sauce die häufig Verwendung in der japanischen Küche findet. Dafür wird Sojasauce und Zitronensaft im Verhältnis 1 : 1 gemischt.

Sake: Reiswein. Dieser Wein ist nicht nur als das Nationalgetränk Japans bekannt, sondern er ist auch eine wichtige Zutat in der japanischen Küche. Hergestellt wird Sake aus Reis, Reiskeimen (Gärmittel) und Wasser. Sein Alkoholgehalt liegt unverdünnt bei rund 20 Prozent. Sein Eigenaroma verleiht vielen Speisen den besonderen

Geschmack, gleichzeitig bringt er aber auch den Eigengeschmack, gleichzeitig bringt er aber auch den Eigengeschmack der anderen Zutaten besonders zur Geltung. Zum Kochen genügt eine einfache Sorte.

Sansho: Gewürz das von Eschen gewonnen wird. Es werden sowohl die Hüllen der stacheligen Eschensamen als Gewürz gemahlen verwendet, als auch die Blätter. Sansho (Konasancho) hat ein außergewöhnliches Aroma und ist mit keinem Gewürz der europäischen Küche vergleichbar.

Shichimitogarashi: Sieben-Gewürze-Pulver. Zum pikanten, würzig-scharfen Abschmecken vieler Gerichte. Shichimi togarashi sollte nur sparsam Verwendung finden. Die Basis bildet Cayennepfeffer (roter Pfeffer), der mit sechs anderen Gewürzen vermischt wird. Diese sind zu gleichen Teilen: Sancho, Mohn, schwarze Sesamkörner, Shiso-Samen, Leinsamen und Tangerinenschalen.

Shiso gehört zur gleichen Sorte wie Basilikum und Minze und verleiht wie diese allen Gerichten einen würzige, leicht pfeffrigen Geschmack. Die frischen Blätter werden im Ganzen oder in feine Streifen geschnitten verwendet. Shisoblätter haben auch einen besonderen Geruch, der irgendwo zwischen Zitronenmelisse und Pfefferminze liegt.

Shoga: Ingwerwurzel. Knorrig, braun kommen frische Ingwerwurzeln etwa zehn Zentimeter lang in den Handel. Aber auch als Pulver ist Ingwer erhältlich. Ingwer hat ein eigenes, ganz spezielles Aroma. Manchmal bekommt man auch frischen Ingwersaft, dieser ist besonders sparsam zu verwenden.

Shoyu: Sojasauce. Das wohl bekannteste flüssige Gewürz der japanischen Küche. Sie besteht in der Hauptsache aus fermentierten Sojabohnen, Weizen und Salz.
Japanische Sojasauce hat eine dunkle, rotbraune Farbe, ein volles Aroma und einen abgerundeten Geschmack. Sojasauce ist vielfältig einzusetzen und paßt zu fast allen Gerichten. Für die japanische Kochkunst ist Sojasauce unerläßlich und findet ihren Platz auch in Marinaden und Beizen. Gerne wird sie auch zum Nachwürzen verwendet.

Su – Reisessig. Er hat weniger Säure als der in Europa bekannte Wein- oder Apfelessig und ist daher weicher, gleichzeitig aber auch voller im Geschmack. Das Aroma ist süßlich. Natürlich hergestellte Reisessigsorten sind den synthetischen vorzuziehen, da sie einen milderen Geschmack haben. Essigsorten, die aus Reis und Sake-Hefen hergestellt wurden, sind die besten.

Togarashi: rote Pfeffer(Chili-)schoten. Sehr scharfe Pfefferschoten, die im ganzen oder gemahlen als Gewürz verwendet werden. Bevor man zerkleinerte Schoten an die Gerichte gibt, sollten die besonders scharfen Samen aus dem Inneren der Schoten entfernt werden. Sie geben beim Kochen Bitterstoffe ab und werden erst am Tisch gereicht.

Umeboshi: Eingelegte Salzpflaumen. Kleine Pflaumen, die, frisch geerntet in eine sauer-salzige Lake eingelegt werden. Als Gewürz für viele Gerichte verwendbar. Oft werden die Pflaumen zerkleinert und quasi als Mus zu den Speisen gereicht.

Wasabi: Japanischer Meerrettich. Er hat einen beizenden Geruch und ist sehr scharf. Wasabi gibt es frisch, in Pulverform und als Paste zu kaufen. Frischer Wasabi wird gerieben, Wasabi in Pulverform wird mit Wasser angerührt und kann sofort als Paste verwendet werden. Ganz gleich welchen Sie wählen, gehen Sie immer sparsam damit um, denn Wasabi ist sehr scharf.

Mag es Ihnen auch nicht ganz leicht erscheinen mit den ungewohnten Gewürzen der japanischen Küche umzugehen, versuchen Sie es trotzdem. Sie werden sehen, die Mühe lohnt sich.

Register nach Sachgruppen

Fisch

Gemüse

Getreide

Fleisch

Tofu

Obst und Konfekt

Alphabetisches Register

Wissenswertes über Soja-Sauce

Schon vor etwa 2500 Jahren wurde im Orient Soja-Sauce gebraut. Als die buddhistische Lehre den Verzehr von Fleisch einschränkte, das zu jener Zeit nicht nur zum Essen, sondern auch zum Würzen benutzt wurde, suchte man nach schmackhaften Alternativen. Dabei entdeckte man, daß sich durch den Gärungsprozeß von Gemüsen, z. B. Sojabohnen, ein äußerst wohlschmeckendes Gewürz entwickelte, das wegen seines Salzgehaltes gleichzeitig als Konservierungsmittel diente.
Um Produktionskosten und Zeit zu sparen, entwickelte man vor einigen Jahrzehnten in Europa eine chemische oder nicht gebraute Soja-Sauce. Die nachstehenden Fragen und Antworten erklären, warum gebraute Soja-Sauce so anders und warum sie der nicht gebrauten so überlegen ist.

Wozu benutzt man Soja-Sauce?

Soja-Sauce ist ein Gewürz für jedes Gericht, für jede Art von Fleisch, Geflügel, Fisch oder Schalentieren. Soja-Sauce wird als Zutat in Marinaden oder Saucen, in Kombinationen mit anderen Gewürzen, bei Eintöpfen, Suppen, Schmorgerichten usw. benutzt.

Wie wird Soja-Sauce hergestellt?

Es gibt drei Verfahren zur Herstellung von Soja-Sauce:
1. Die gegärte oder gebraute Soja-Sauce wird durch die reine Gärung von Sojabohnen, Weizen, Wasser und Salz hergestellt.
2. Nicht gebraute Soja-Sauce wird in chemischen Hydrolyse-Anlagen produziert, in denen man Proteine mit Salzwasser, Maissirup und gebranntem Zukker mischt.
3. Halb gebraute Soja-Sauce wird durch Kombination der beiden ersten Verfahren hergestellt.

Welches Verfahren wendet Kikkoman an?

Kikkoman ist der größte Soja-Saucen-Hersteller in der Welt, der die alte, traditionelle japanische Methode, Sojabohnen, Weizen, Wasser und Salz zu gären, anwendet. Merkmale der Kikkoman Soja-Sauce sind die tiefe, rötlich-braune Farbe, der reiche, volle Geschmack und das würzige Aroma. Diese Merkmale der Kikkoman Soja-Sauce erreicht man durch gleiche Anteile von Weizen und Sojabohnen in der Maische und einer etwa 6 Monate langen Gärungszeit, bei genau gleichbleibender Temperatur und Feuchtigkeit.

Kann man dieses Verfahren noch ausführlicher erklären?

Kikkoman Soja-Sauce wird in drei großen Etappen produziert: Herstellung des Koji, Brauen und Raffinieren.
Der Herstellungsprozeß des Koji ist für die Produktion östlich gegärter Lebensmittel wesentlich. Das Wort »Koji« bedeutet Schimmelpilzblüte. Um den Gärungsprozeß bei den Sojabohnen in Gang zu setzen, wird ein Koji-Starter mit dem Namen »Aspergillus Sojae« benutzt. Diese Mischung ruft bei kontrollierter Temperatur und Feuchtigkeit das Wachsen des Koji hervor. Gleichzeitig formen sich in den Zellen des Koji Enzyme. Dieser Vorgang ist erst nach etwa 45 Stunden abgeschlossen. Die Zugabe einer Salzwasserlösung (Sole), die in die Kojimischung gegeben wird, löst die Arbeit der Enzyme aus. Die Gärungsperiode unterliegt ständigen Veränderungen. Sojabohnen und Weizen verwandeln sich in eine glatte, rötlich-braune Flüssigkeit, die man »Reife Maische« nennt. Die Gärungszeit dauert etwa 6 Monate.
Nun beginnt das Raffinierungsstadium der Produktion. Die »Reife Maische« wird unter stän-

In diesem, GOYOGURA genannten, Gebäude wird von Kikkoman ausschließlich Soja-Sauce für den kaiserlichen Haushalt hergestellt.

digem Druck zwischen Tüchern gepreßt. Das Ergebnis ist die Flüssigkeit, die unter dem Namen »Soja-Sauce« bekannt ist. Die Soja-Sauce wird dann einem Pasteurisierungsprozeß unterworfen, der Farbe und Aroma verstärkt, dann wird die Soja-Sauce abgefüllt.

Wie erhält die gebraute Soja-Sauce ihre Würze, Farbe, ihren Geschmack und ihr Aroma?

Die Enzyme nehmen ihre Arbeit während des Brauprozesses auf. Während der etwa 6 Monate langen Gärzeit verwandeln sich die Sojabohnen-Proteine in Aminosäuren, die der Soja-Sauce ihren GESCHMACK geben. Zwischen Zucker und Aminosäuren treten weitere Enzymreaktionen auf, die der Soja-Sauce ihre FARBE geben. Dann verwandeln die Enzyme die Weizenstärke in Zukker, der der Soja-Sauce ihre SÜSSE gibt. Wenn die Spezialhefe aufgeht, verwandelt sie einen Teil des Zuckers in Alkohol, der das AROMA bringt. Andere Teile des Zuckers und des Alkohols wandeln sich während des Gärungsprozesses in verschiedene Säuren, die der Soja-Sauce WÜRZE bringen.

Wie wird nicht gebraute Soja-Sauce hergestellt?

Um ein Produkt mit gleichmäßigerer Qualität und weniger Zeitaufwand beim Brauen herstellen zu können, schuf man nachstehende Methode: Die Sojabohnen werden 15 bis 20 Minuten mit Salzsäure gekocht. Wenn der größte Teil der Aminosäure von den Sojabohnen abgeschöpft worden ist, wird die Mischung gekühlt, um den Hydrolyse-Vorgang abzuschließen.
Die Aminosäure-Flüssigkeit wird dann neutralisiert, durch einen Filter, der mit aktivem Kohlenstoff gemischt ist, gepreßt, und durch Filtrieren gereinigt. Diese Flüssigkeit wird »Hydrolysiertes pflanzliches Protein« genannt.
Farbe, Geschmack und Aroma bleiben erhalten durch Zugabe von Maissirup, Salz und Karamelfarbstoff. Die Mixtur wird raffiniert und in Flaschen gefüllt.

Zusammenfassung der unterschiedlichen Methoden:

Die auffälligsten Unterschiede zwischen gebrauter und nicht gebrauter Soja-Sauce sind:
1. In nicht gebrauter Soja-Sauce ist kein Weizen enthalten.
2. Farbe, Geschmack und Aroma werden bei der nicht gebrauten Soja-Sauce in Form von Maissirup, Salz und Karamelfarbstoff hinzugefügt.
3. Die Produktionszeit für gebraute Soja-Sauce beträgt etwa 6 Monate, die für nicht gebraute jedoch nur ein paar Tage.

Bringt natürliches Brauen einen Qualitätsunterschied?

Ja, die Veränderungen, die während des Brauens entstehen, sind natürlich. Die Veränderung von Alkohol, Zucker und Säuren, die Geschmack, Farbe und Aroma der Soja-Sauce beeinflussen, sind das Ergebnis des Gärungsprozesses.
Im Gegensatz zur nicht gebrauten Soja-Sauce wird bei der gebrauten NICHTS HINZUGEFÜGT. Natürlich gebraute Soja-Sauce hat einen großen Charakter. Ihr raffiniertes, aber volles Aroma unterstreicht den natürlichen Geschmack der Lebensmittel.

KIKKOMAN